目次

凡例

一、本書には、大杉栄の書簡（または書簡に準ずるもの）を、『大杉栄書簡集』（海燕書房、一九七四年）を底本とし、『大杉栄全集　別巻』（ぱる出版、二〇一六年）によって補い、収録した。

二、残されている書簡のうち、他と重複あるいは類似するもの、事務的な連絡、一、二行の簡単な内容のものなど、ごく一部の書簡を除き、原則として日付順に収載した。

三、読みやすくするため、本文を現代かなづかい、現代表記に改め、一部の漢字をかな書きにした。誤字、脱字等は正した。なお一部の文字や日付を原資料によって修正した。

四、各書簡に、編者による見出しを付し、宛先や日付が不明のもの、底本に非収録のものには掲載紙誌、書名と刊行時期、あるいは所蔵元を記載した。

五、本文の後には、必要に応じて注記をした。本文中の《　》内の注記は、『獄中記』（春陽堂、一九一九年）、『漫文漫画』（アルス、一九二二年）に、大杉自身が付したもの、（　）内の割り注は底本編者の注、〔　〕内は本書編者による注である。

I

獄中消息

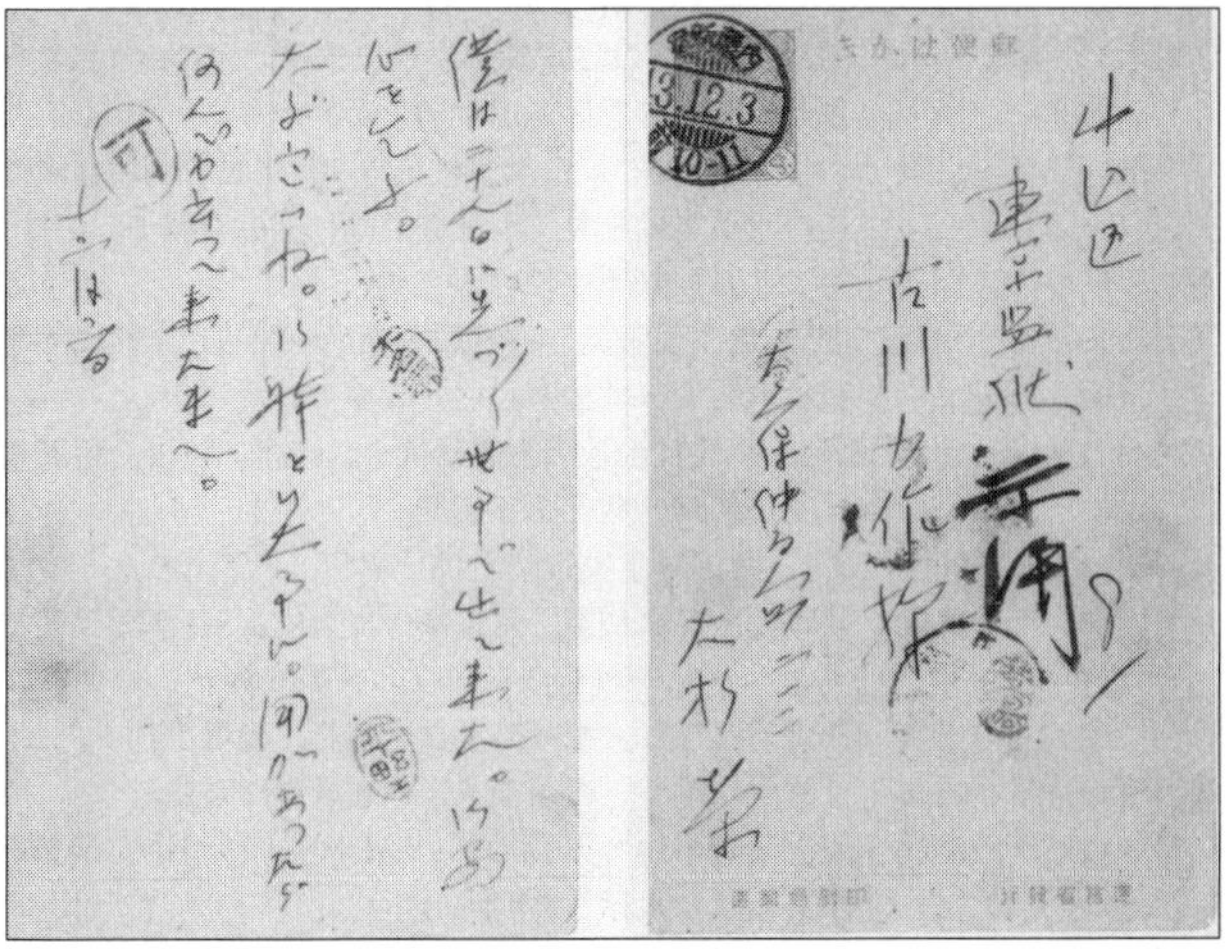

古河力作宛書簡・1910年12月3日

略年譜 I

1885（明治18）年	0歳	1月，父・東（丸亀連隊少尉），母・豊の長男として香川県丸亀町に生まれる。父の転任でまもなく東京へ。4歳のとき，新潟県新発田に移住，ここで中学2年修了。
1899（明治32）年	14歳	9月，名古屋の陸軍幼年学校に入学。3年生のとき，同級生と格闘して重傷。退学処分を受ける。
1902（明治35）年	17歳	1月，上京し，東京学院に通学。足尾鉱毒問題に対する学生の示威運動を見て，社会問題に関心を持つ。6月，母急逝。10月，順天中学に編入学。
1903（明治36）年	18歳	9月，東京外国語学校（現・東京外国語大学）に入学。幸徳秋水らの非戦論演説に共鳴する。
1904（明治37）年	19歳	3月，平民社の社会主義研究会に出席。以後，毎週通う。『平民新聞』発行を手伝う。
1905（明治38）年	20歳	7月，外国語学校仏語学科を卒業。「年上の女」と同棲。
1906（明治39）年	21歳	日本社会党に加盟。電車事件で入獄。8月，堀保子と結婚。エスペラント語学校を設立。『家庭雑誌』を発行。「新兵諸君に与う」を『光』に訳載し，起訴される。
1907（明治40）年	22歳	「青年に訴う」の筆禍で，巣鴨監獄に入獄。
1908（明治41）年	23歳	屋上演説事件で巣鴨に（1ヵ月半），つづいて赤旗事件で千葉監獄に入獄（2年半）。
1909（明治42）年	24歳	11月，父死去。翌年11月，出獄。売文社に参加。
1911（明治44）年	26歳	大逆事件刑死者の遺体引取り。毎月の同志茶話会に出席。

一九〇四・明治三十七年

チラシを撒きちらしました　西川光二郎宛*　『平民新聞』七月十七日

あの日午後九時三十分新橋を発車しました。途中大磯あたりで広告と檄文とを四、五十枚乗客に配布しまして、なお最近号の『平民新聞』二枚を出し、端の方に「どうぞ御覧になりましたらお隣の方へお廻し下さい」と鉛筆で書きつけて隅の方におったお爺さんに渡しましたが、数時間の後には他の隅の方まで順々廻り尽しました。当地（名古屋）に来てからは毎晩涼みがてら散歩しますからその都度チラシを持って行って撒きちらしました。その時面白く感じましたのは「オオこりゃ僕の愛読してる新聞だ、失礼ですが貴君はこの新聞とドウいう御関係の方ですか……アアそうですか、それはドウモ御苦労様です、では半分わけてくれたまえ、向う側は僕が受持ちましょう」などと言って、喜んで応援してくれた熱心なる愛読者のあったことです。

当地の書店中京堂では『平民新聞』を毎号六十部ばかり売捌いているようです。

注　平民社・東海遊説隊の準備役として名古屋に赴いた大杉が、大須観音付近でチラシ配布をした報告。平民社は前年十一月、幸徳秋水、堺利彦らが日露非戦論を訴えて設立した社会主義結社。週刊

『平民新聞』を発行し、各地に遊説隊を派遣した。東海方面の責任者が西川光二郎。大杉は外国語学校一年生で、新聞の手伝いなどの常連であった。文中の「熱心な愛読者」は、名古屋の社会主義者・鈴木盾夫と判明している。

＊西川光二郎――一八七六～一九四〇。初期社会主義者。平民社で活躍。『光』の発行、社会党結成に尽力するが、電車事件の入獄中に転向し、陣営から離れた。

いかにして社会主義者となりしか　平民社宛　『平民新聞』七月三十一日

去る十九日当地に在住せる同志相会して茶話会を開きましたから、その模様を通信します。初めは中原氏宅にて開会のはずなりしが、同氏病気のため急に会場を石巻篁西氏宅に移しました。来会者はわずか十三名に過ぎなかったが、石巻氏からの御馳走なる清新な果物をかじりつつ「いかにして社会主義者となりしか、現今は社会主義のためにいかに働きつつあるか」等について愉快に談《かた》り合い、終りに当日徴収の会費は全部これを御社の遊説費に充て、なお御社の新聞書籍等を売ってその収入をもこれに加えんと決議しました。

名古屋市　大杉生・矢木生

注　平民社演説会に向けて、名古屋で同志集会を実施した結果の通信。石巻（良夫）は、当時『扶桑新聞』の記者で、社会主義者。大杉は現地で『平民新聞』の取次をしている書店の矢木（鍵治郎）と共同して活動した。

わたしね、こんど詩人になったの　佐々木喜善宛　八月十五日

炎帝一たび威を振ふ、
人も、獣も草も木も
地にひれ伏して蜘蛛の如、
石さへ黙してうなだるる。

よし其の光ほそくとも
暗黒《くらき》に馴れし人の世を
輝さむとての蛍火や、
ああかの小虫ぞしたはしき。

生命夕にせまりつつ
梢にたかく哭すなる、
堕眠《ねむ》れる人を醒さむと
蝉ぞ空飛ぶ預言者よ。

二千年の昔基督《キリスト》は
甘きに酔える人の舌
ただらせむとて「地の塩」と
汝を呼びしを、起ち得ずや。

あの、わたしね、こんど詩人になッたの。上手いでしょう。調はちッともそろわないし、辞ハなんだかこうなまなましてますし、想だッて平々凡々あまり陳腐すぎてますわね。始めからうまくは書けませんのね、わたし勉強してドシドシ作ッてそのうちには上手になりますわ。それまでね、どうぞ始終なおして下さいな。
あなたになおしていただくなら、私も勉強がいがありますわ、ねーほんとうになおして下さいよ。
それからね、あなたの御作を、お手本にしますから少し送ッて下さいな、ねーいいでしょう。

さよなら
さかえより

ささきさん
わたしね、九月の朔頃ニ東京へ帰りますが、あなたハ、いつ頃?

（小原尚二「遠野物語前夜」『遠野物語研究　六』二〇〇二年十一月）

注　「炎帝」＝権力に抗って「地の塩」になろう、と社会運動への使命感を詠んだとみられ、大杉の心意気が窺える新体詩である。女性語によっておどけ風なのは、親密さの表れか。佐々木喜善（一八八六～一九三三）は、岩手県遠野地方の民話や伝説を柳田国男に語って聞かせた『遠野物語』の話者として著名。当時、大杉の親しい友人で文通もよくしていた。この書簡の後、十九日に平民社演説会が催され、およそ八百人の聴衆が参加して成功を収めた。

一九〇五・明治三十八年

卒業後の方針につきお願いしたい　安藤忠義宛　五月十八日

たぶんお忘れになりましたでしょうが、私はかつて先生が庄司先生とともに、四谷および牛込に立てておられた仏語学校の、創立以来解散の時まで、小野寺君などとともに、先生の御高教を仰いでおった者であります。その後、外国語学校に入学しておりますが、いよいよこの七月に卒業することとなりましたので、卒業後の方針につき、少々お願い致したいことが御座いますが、何日頃お邪魔に出てよろしゅう御座いますか、何とぞ御閑暇の時間をお知らせ下さいませ。

我儘《わがまま》のようですが私は土曜の午後と日曜の全日中ならばもっとも好都合であります。

注　仏語学校の旧師・安藤忠義（一八五四～一九二〇）は、陸軍大学の教授でもあった人。大杉はこのころ、「陸軍大学の教官になって、幼年学校の同窓等に『教官殿』と呼ばしてやろうかという子供らしい考え」を抱き、陸大への就職について旧師に相談した。翌年にかけて話を進めたが、電車事件で投獄され、ご破算になる。

一九〇六・明治三十九年

エスペラント語を大成したい　宛先不明　『光』四月五日

僕は三畳の室《へや》を独占している。日当りもいいし、風通しもいいし、新しくて綺麗だし、なかなか下六（現在の千代田区六番町）の僕の家などの追いつくものでない。……こんなところなら一生はいってもいいと思うくらいだ。しかし警視庁はいやなところだった。南京虫が多くてね。僕も左の耳を噛まれて、握拳《にぎりこぶし》大の瘤を出かした。三、四日の間はかゆくてかゆくて、小刀でもあったらえぐり取りたいほどであった。

十分間と口から離したことのない煙草とお別れするのだもの、定めて寤寝《ごしん》切《せつ》なる思いをしなければなるまいと……しかるに不思議だ、煙草のたの字も出て来ない。あまり不思議だから強いて思ってみようと努めてみたけど、やっぱり駄目だ。

いつまでここに居るか知らないが、在監中にはぜひエスペラント語を大成し、ドイツ語を小成したいと思ってる。

監獄へ来て初めて冷水摩擦というものを覚えた。食物もよくよく嚙みこなしてから呑込むようになった。食事の後には必ずウガイする。毎朝柔軟体操をやる。なかなか衛生家になった。

注　外語を卒業後の一九〇六年には社会党に加盟。電車賃値上げ反対のデモで先頭に立ち、兇徒聚集罪の廉《かど》で市ヶ谷の東京監獄未決監に収監（電車事件）。その第一信である。以下「宛先不明」だが「同志諸君宛」とみていい。掲載した『光』は、平民社解散後、『平民新聞』の後継誌として発行された半月刊誌（〇五年十二月〜〇六年十二月）。

友として親しむのは雀です　宛先不明　四月二日　『社会主義研究』四月十五日

この頃は、半ば丸みがかった月が、白銀の光を夜なかまで監房のうちに送ってくれます。

監獄といえども花はあります。毎朝運動場に出ると、高い壁を超えて向うに、今は真っ盛りの桃の木を一株見ることができます。なおその外《ほか》にも、病監の前に数株の桜がありますから、近いうちにはこの花をも賞することがあるのでしょう。

月あり、花あり、しこうしてまた、鳥もおります。本も読みあきて、あくびの三つ四つも続いて出る時に、ただ一つの友として親しむのは、窓側の檜に群がって来る雀です。その羽の色は決して麗しくはありません。その声音も決して妙なるものではありません。その容姿もまた、決して美なるものではありません。しかし、何だかなつかしいのはこの鳥です。

われ家庭に火を放てり　堺利彦宛*　『光』四月二十日

五日、父面接に来《きた》り、社会党*に加盟せるを叱責すること厳なり。予すなわちこれに答えて曰《い》う。「父たるの権威を擁して、しこうしてすでに自覚に入れる児の思想に斧鉞《ふえつ》を置かんとす、これ実に至大至重の罪悪なり。児たる我は、かくのごときの大罪を父に犯さしむるを絶対に拒む」と。ああこれはたして孝か不孝か。しかれどももまた翻りて思う。社会の基礎は家庭なり。余、社会をして灰燼に帰せしめんとする。革命の猛火は、まず家庭に点火せらるるによりて初めてその端緒を開く。ああわれすでに家庭に火を放てり。微笑と悌泣《ていきゅう》、もってわが家の焼尽しゆくさまを眺めんかな。

＊堺利彦――一八七〇～一九三三。別名・枯川《こせん》。幸徳秋水とともに平民社を創立するなど初期社会主義の先覚者。大杉の先輩同志だが、のちに確執を生じ、認め合いつつも思想・運動の上で別の派を歩み並立した。

＊社会党――一九〇六年二月、堺、西川らが結成。正式党員は約二百人。党内に幸徳秋水ら直接行動派と片山潜ら議会政策派の対立が生じ、〇七年二月の党大会で普通選挙運動は党員の随意と決したが、直後、結社禁止とされた。

監房に鏡を案出　宛先不明　『光』四月二十日

来た初めに一番驚いたのは監房にクシとフケトリとが揃えてあったことです。これがなかったら大《おお》ハイ《当時の僕のアダ名、ハイはハイカラのハイ》も何も滅茶苦茶です。しかしまさかに鏡はありません。於是乎《ここにおいてか》、腕を拱《こまぬ》いて大ハイ先生大いに考えたのです。そしてとうとう一策を案出したのです。それは監房の中に黒い渋紙を貼った塵取がありますから、ガラス窓を外して、その向う側にそれを当てて見るのです。試みにやって御覧なさい。ヘタな鏡などよりよほどよく見えます。

今朝早くからエスペラントで夢中になっています。一瀉千里の勢いとまでは行きませんが、ともかくもズンズン読んでゆけるので嬉しくて堪《たま》りません。予審の終結する頃まではエスペラントの大通になって見せます。

ここにもやはり南京虫がおります。これさえいなければ時々は志願して来てもいいと思っておったのに惜しいことです。今日までに嚙まれた数と場所とは左のごとくです。警視庁では左の耳の下三。監獄では、左の耳の下二。右の耳の下一。左の頰一。右の頰一。咽喉二。胸一。左の腕四。右の腕三。右の足一。右の手の指一。こんなに嚙まれていながら、未だにその正体を拝んだことがないので、はなはだ遺憾に思っています。

朝から晩まで続けざまに本を見ておれるものでもなし、例の雀もどこかへ行ってしまう、やむを得ずに南京虫に食われた跡などを数えて時を過ごしています。時々に地震があって少しは興にもなりますが、これとてあまり面白いものではありません。こんな時に欲しいのは手紙です。

重罪の方が面白い　由分社宛　『光』五月五日

どうせ食うなら重罪の方が面白い。軽罪はあまり気がきかない。無罪ならもっとも妙だ。看守さんに聞いたら九年以上との話。マア十年と思って考えてみよう。すると僕が出た時には、堺さんが五十近くの半白爺、秀哉坊がちょうど恋を知りそむ頃、僕がまだようやく三十二、三、男盛りの登り坂にかかる時だ。身体は大切にしておればそう容易《たやす》く死にもしまい。

エスペラントは面白いように進んで行く。今はハムレットの初幕のところを読んでいる。英文で読んだことはないが、仏文では一度読んだことがある。しかしこんどほど容易くかつ面白くはなかったようだ。

紳士閥の輩をギロチンに　堺利彦宛　『光』五月五日

ここへ来てから毎夜のように夢を見る。……昨夜のは実に偉観この上もなかった。革命遂《つい》になって紳士閥の輩を数万人ギロチンに掛けたのだ。しこうして今朝起きるや否や南京虫を一疋殺した。毎日毎日南京虫に苦しめられるから、いかにしたら善かろうかと、運動の時に相棒の強盗殺人犯先生に聞いてみた。先生の言うには、それは殺すに限る、朝起きたら四方の壁を三十分ぐらいにらんで居るのだ、きっと一疋や二疋は這って居る、と。それで今朝早くから小さくもない眼を見はっていると、果然、のっそりのっそりとやっている。すぐ捕えてギロチンに掛けた。監獄で僕の血を吸った南京虫はこれで退治した。しこうして夢の方は！　ああいつになったら実現せらるのであろうか。

バクーニン全集を抱いて　宛先不明　『社会主義研究』五月十五日

ああ幸徳君[*]はついに殺されたのか。幸徳君もし死せりとせば、それは決してサンフランシスコの大地震がしたのではない。ああ彼をして五ヵ月の間牢獄に呻吟せしめたるものは誰か。しこうしてその結果、遠く病を抱いて米国に渡航するの余儀なきに至らしめたるものは誰か。ああ日本のブルジョアジーよ、汝はついにわが幸徳君を殺したのか。

僕はモー軽罪もいや、重罪もいや、ただ望むのは無罪放免ばかりだ。しこうしてわが幸徳君を殺したる日本のブルジョアジーに対して、狂気のごとくになって復讐を計るのみだ。来月になれば保釈か無罪か、いずれかでともかく出獄はできるだろう。出獄しても僕の身体は休養を要しない。否否、今まで既に十分に休養したのだ。モーただちに戦闘にかかる。ああ復讐の戦闘！　思ってさえも腕がブルブルふるう。

昨夜はついに少しの睡眠もできなかった。米国から送ってきたバクーニン全集[*]を抱いて、一夜を泣き明した。ああバクーニンの国家論と無神論、これ幸徳君の終生宣伝に勉めようとせられたものではあるまいか。僕の腕は未だ幸徳君の万分の一にも到らぬ。しかしただ力のあらん限りに働く。

＊幸徳君――幸徳秋水（一八七一～一九一一）。初期社会主義運動の先導者。「直接行動」を主張し、アナキズムの立場を鮮明にした。平民社以来、大杉は影響を受け敬愛した。「大逆事件」によって

死刑。書簡のとき、サンフランシスコ大地震に遭遇した幸徳の死が伝えられて、綴った痛惜の思いだが、後に誤報と判明する。

＊バクーニン――一八一四～七六。ロシアのアナキスト。一八四八年、ドイツ三月革命に関わり、逮捕され、獄中八年の後、シベリア流刑。脱出して日本、アメリカを経て、欧州に亡命。第一インターナショナルに参加、マルクスの政治闘争重視に反発し、徹底した国家の否定と完全な個人の自由の実現を可能であると主張。一切の権威を拒否する自由連合主義、共産主義ではない集産主義を唱え、アナキズムの思想形成に重要な影響を及ぼした。大杉に『二人の革命家』の著書がある。

監獄の特権階級　宛先不明　『社会主義研究』五月十五日

昨日から特待というものになった。と言ってもわかるまい、説明をしよう。社会主義者が人類を別《わ》けて紳士閥と平民との二になすがごとく、監獄では待遇上、被告人を二つの階級に別けてある。しこうしてその一は雑房に住み、他の一は独房に住むの差異がある。……すなわち独房をもって監獄における紳士閥としておこう。

平民の方は少しも様子を知らないが、この紳士閥の方にはまた二つの階級がある。一は特待と言うが、一は何と言うのかたぶん名はないと思う。特待になると純粋の特権階級で、一枚の布団が二枚になり、朝一回の運動が午前と午後との二回になり、さらに監房の中に机と筆と墨壺までがはいる。この上で原稿を書いて『研究』(『社会主義研究』)や『光』に送ることができたら、被告人生活というものもなかなかオツなものなんだけれど。

白熊（西川光二郎）、孤剣*、起雲*、世民*の徒は、来るとすぐにこの特権階級にはいったようだ。他のものはみな平民の部に属している。少翁*なども勉強ができぬと言って大いにコボシているそうだ。僕のところは机だけは始めから入れてくれた。たぶん特待候補者とでも言うのであったんだろう。

自分が特権階級にはいって見れば、なるほど気持の悪いこともないが、その代りに特権褫奪《ちだつ》という恐れが始終頭に浮ぶ。紳士閥が、軍隊だとか、警察だとか、法律だとかを、五百羅漢のように並べ立てて置くのも、要するにこの特権維持に苦心した結果に過ぎないのだ。

*孤剣——山口義三（一八八三～一九二〇）。平民社に参加し、社会主義伝導隊として、『平民新聞』や社会主義の書籍を荷車に積んで、東京から下関まで行商するなどの活動、また執筆に従事した。大杉とも親交、のち新聞雑誌記者。

*起雲——岡千代彦（一八七三～一九五六）。活版工組合誠友会の活動家、社会党評議員。

*世民——吉川守邦（一八八五～一九三九）。平民社に参加、電車事件で入獄。のち大杉らを支援、日本社会主義同盟の設立計画に参画した。

*少翁——深尾韶《しょう》（一八八〇～一九六三）。日本社会党評議員、日刊『平民新聞』の印刷人。のち運動から離れる。

女監を見るたびに思うこと　宛先不明　『社会主義研究』五月十五日

折々着物についてのご注意ありがとう。天にも地にもたった一枚の羽織と綿入れだもの、大切にしなくてどうしよう。ただ困るのは綻《ほころ》びの切れることだが、これは糸を結んで玉を作って、穴の大きくならぬようにしておく。もっとも看守さんに話をすれば針と糸とを貸して下さるのだけれど、食品口という四寸四方ばかりの小窓を開けて「看守殿お願いします、お願いします」と言わなければならぬのがいやさに、ツイ一度もいわゆるお願いしたことがない。

僕らの監房の窓の下は、女監へ往来《ゆきき》する道になっている。毎日十人くらいずつ五群も六群もはいって来る。道がセメントで敷きつめられているから、そのたびごとに、カランコロン、カランコロンと実に微妙な音楽を聞くことができる。

女監を見るたびにいつも思うが、僕らの事件に一人でもよい、二人でもよい、ともかくも婦人がはいっていたらどんなに趣味あることだろう。『家庭雑誌』*に載った秀湖《しゅうこ》*のハイカラ女学生論も、決して日比谷公園で角帽と相引きするをもって人生の全部と心得ているようなものを指したのではあるまい。僕秀湖に問う。兇徒聚衆の女学生！　これこそ真に「痛快なるハイカラ女学生」じゃあるまいか。

＊『家庭雑誌』——堺利彦が由分社を創立して、一九〇三年に創刊した月刊誌。家庭問題を取り上げつつ社会主義を説く狙い。初号から事務を担っていた堀保子が、大杉と結婚するときに譲り受け、大杉が編集兼発行人となる。

＊秀湖――白柳《しらやなぎ》秀湖（一八八四〜一九五〇）。平民社の非戦論に共鳴し、運動に参加。文芸誌『火鞭』の発刊に尽力するが、大逆事件後、運動から離れ、評論家、歴史家として活動した。

面会所で泣くのは厳禁に　宛先不明　『社会主義研究』五月十五日

昨日保子＊さんから猫の絵はがきを戴いた。何だか棒っ切の先から煙の出てるのを持っているが、あれが物の本で見る煙草とかいうものなのだろう。今までは人間の食物だと聞いていたが、ではなくて猫の玩弄品《おもちゃ》と見える。

今朝妹＊と堀内とが面会に来た。こんな善いところにいるのを、何故悲しいのか、オイオイとばかり泣いていた。面会所で泣くことと怒ることだけは厳禁してもらいたい。そしてニコニコと笑っていてもらいたい。

入獄するチョット前からハヤシかけていた髭は、暇にまかせてネジったりヒッパったり散々に虐待するものだから、ただでさえ薄い少ないのが可哀相に切れたり抜けたり少しも発達せぬ。よく見ると顔のあちこちに薄い禿がたくさんできた。これは南京虫に噛まれたのを引っかいたあとだ。入獄の好個の紀念として永久に保存せしめたいものだと思っている。

＊保子――堀保子（一八七九〜一九二四）。堺利彦の先妻・美知子の妹。〇六年に結婚して以来、大杉を支えたが、一六年三月に別居、十二月に正式に離婚する。

＊妹――すぐ下の妹・春。このころ、大杉の家に同居。大杉は長男で、弟妹が八人いた。

平民の血を吸取するもの　宛先不明　『社会主義研究』五月十五日

今朝は暗い頃から火事のために目がさめて、その後ドウしても寝つかれない。そこでさっそく南京虫の征伐に出かけた。いるいるウジウジいる。ついに夜明け頃までに十有三疋捕えた。大きいのが大豆の半分ぐらい、小さいのが米粒ぐらい、中ぐらいのが小豆ぐらいある。これは出獄の時の唯一のお土産と思って、紙に包んで大切にしてしまってある。そしてその包紙に下のごとくいたずら書きをした。

社会において吾人平民の膏血《こうけつ》を吸取するものは、すなわちかの紳士閥なり。監獄において吾人平民の膏血を吸取するものは、すなわちこの南京虫なり。後者は今幸いにこれを捕えて断頭台上の露と消えしむるを得たり。予はこれをもって前者の運命のはなはだ遠からざるを卜《ぼく》せんと欲す。社会革命党万歳！　資本家制度寂滅！

読書はなかなか忙しい　宛先不明　『光』五月二十日

先々月の二十二日にここに入れられたまま、一昨々日はじめて外へ出た。それは公判の下調べとか言うので遠く馬車を駆って裁判所まで行ったのだ。例の金網越しに路《みち》ゆく人を見ると、綿入れは袷《あわせ》となった。鼠や茶の中折帽は白のパナマや麦藁帽となった。そしてチラホラと氷店の看板さえも見える。世はいつの間にか夏に近づいたのだね。

途《みち》で四谷見附のつつじを見た。桃散り桜散り、久しく花の色に餓えたりし僕は、ただもう恍惚として酔えるがごときうちに、馬車は遠慮なくガタガタと馳せて行った。

読書はこの頃なかなか忙しい。まず朝はフォイエルバッハの『宗教論』を読む。次にアルベール（仏国無政府主義者）の『自由恋愛論』を読む。午後はエスペラント語を専門にやる。先月は読むことばかりであったが、こんどは、それと書くことを半々にやる。つまらない文法の練習問題を一々《いちいち》真面目にやって行くなどは、監獄にでもはいっていなければとうていできぬ業《わざ》だろうと思う。ただ、一人では会話ができないで困る。夕食後、就寝まで二時間余りある。その間はトルストイの小説集（英文）を読んでいる。

三位一体となって攻め寄せる　宛先不明　『光』六月二十日

この頃はノミと蚊と南京虫とが三位一体になって攻め寄せるので、大いに弱っている。僕、昨日剃髪《ていはつ》した《髪を長くのばしていたのを短く刈ったのだ》。これは旗などをかついで市中を駆けまわった前非を悔いたのだ。

ひとまず自由の身に　同志諸君宛　六月二十二日

昨夕六時頃、身受けのしろ百円ずつで、ともかくもひとまず自由の身となりました。

入獄中、同志諸君より寄せられた、温かき同情と、深き慰籍と、強き激励とは、私どもの終生忘るべからざるところであります。

裁判は、たぶん本月中に右か左かの決定があることと思います。

大杉栄・深尾韶

一九〇七・明治四十年

人を見ないが本の顔を見た　上司小剣《かみつかさしょうけん》宛*　一月七日

きのうは日曜であったから、あるいはお出《い》でがあるかと思って、心まちに待っていた。夜になって君のおくってくれた『コンクェート・デュ・パン』（クロポトキン『パンの略取』）と葉がきとが来た。人を見ないので半ば残念であったが、本の顔を見たので、半ばうれしかった。ナツメ君（大杉家の飼猫）はこの頃どうしたのかひどく弱り込んでいて、とうてい本なぞ引きかく元気はない、御安心を乞う……。

*上司小剣――一八七四～一九四七。堺利彦の勧めで上京、社会主義に関心をもち、生活改良雑誌『簡易生活』を発刊。のち『近代思想』に寄稿、読売新聞編集局長。

控訴を取り下げよう　石川三四郎*宛　五月六日

巣鴨の満員は面白いね。柏木あたりには沢山あき家がある。

僕は先日言ったように、十四、五日頃には控訴を取り下げ*ようと思う。君のはそのままにしておこう。

待っていたまえ。

*石川三四郎——一八七六〜一九五六。万朝報社から平民社に参加。『平民新聞』編集兼発行人として、大杉の「青年に訴う」ほか数種の筆禍事件で入獄した。一三〜二〇年、渡欧。戦後、アナキスト連盟の顧問となる。

*控訴を取り下げ——前年に開設した大杉主宰のエスペラント語学校が開講中なので、入獄を遅らせるために控訴、その間に終講し、卒業生を送り出す措置をとって控訴を取り下げた。

つまらん筆の禍のために　『家庭雑誌』読者宛　五月

読者諸君の中で、『平民新聞』をお読みなさらなかった方は、たぶんご存じもありますまいが、私、つまらん筆の禍のために、当分諸君とお別れをして、そして監獄に行かねばならぬのであります。

それは、かつて『平民新聞』に記載したクロポトキン翁の「青年に訴う」というのが政府の忌諱《きい》にふれたので、先月の末に東京地方裁判所で、秩序壊乱の廉《かど》とかによって軽禁錮一ヵ月半の宣告を下されたのであります。

けれども、その当時少しくやりかかっていた仕事があったものですから、せめてそれを終るまで入獄の日延をして戴こうと思いまして、さっそく控訴の届出をしておきました。

ところが二、三日前にようやくその仕事も終りましたので、またさっそく裁判所へ出かけまして、先きの控訴を取り下げて参りました。すると、今日端書《はがき》が来まして、二十九日の午後二時に刑の執行をするから出頭しろというのであります。致し方がありません、参りましょう。

そして一ヵ月半を経る間に、もう一つの今大審院で審議中の「新兵諸君に与う」事件の方も何とか片がついて、そしてその刑期がまたこれに加わって、早くとも八月の上旬まではそこに勤めていねばならぬことと思います。これもまた致し方がありません、神妙に勤めましょう。

けれども一つ私の胸をいためますのは、この二つの新聞の編集兼発行人であった石川三四郎君と山口義三君とが、僕と連座して、しかも僕の刑期を二倍されて、同じく獄につながれねばならぬことであります。

僕の不在中は、『家庭雑誌』の編集を堺兄にお頼みしました。これは御安心を乞います。

終りに臨んで、諸君の健康を祈ります。

（「お別れ」と題があり『家庭雑誌』六月一日）

仕事はただ読書に耽るにある　堀保子宛　六月十一日

一昨日と昨日と今日と、これで三たび筆をとる。その理由は、あまり起居のことを詳しく書いては、かえって宅で心配するからという、典獄様のありがたい思召《おぼしめ》しで、書いては書き直し、書いては書き直ししたからである。

二度目でもあるせいか、僕も大ぶん獄中生活に馴れてきた。日の暮れるのが、毎日のように短くなるようだ。本月の末にでもなったら、まったく身体がアダプトしてることと思う。心配するな。

朝起きてから夜寝るまで、仕事はただ読書に耽《ふけ》るにある。午前中はアナキズムとイタリア語との研究をやる。アナキズムは、クロポトキン*の『相互扶助』と、ルクリュの『進化と革命とアナキズムの理想』というのを読み終った。今はグラーヴの『アナキズムの目的とその実行方法』というのを読んでいる。イタリア語は、文法を三十五ページばかり読んだ。全部で四百ページ余あるのだから、まだ前途遼遠だ。午後は、ドウィッチェの『神愁鬼哭』と、久米の『日本古代史』とを読んでいる。

八日に「新兵事件」の判決文が来て、いささか驚かされた。他の諸君にははなはだお気の毒であるが、これも致し方がない。このことについては、何とも言うて来ないが、どうしたのだ。まだ知らないのか。助松君*も重罪公判に移されたそうだけれど、まだ予審のことだからこのさきどうなるかわからぬ。よく操君（南助松の妻）を慰めるがいい。

お手紙は九日発のがきょう着いた。たしかこれが九通目だ。同志諸君からも、毎日平均二通は来る。秋水の「比較研究論」は不許になったようだ。

『青年』（『青年に訴う』）の原稿は熊谷（平民書房の熊谷千代三郎）に渡したか。早く出すように言え。雑誌の相談はどうなったか。

留守中の財政はどうか。山田からは十五、六日頃に端書が来るだろう。お絹嬢（大杉家の女中）にでも取りにやらせろ。仙台に行っているはずのことを忘れるな。

『社会新聞』と『大阪平民新聞』とは、もし送って来なければ前金を送れ。そして保存しておけ。山川*の獄通から、しきりに桐の花がどうの、ジャガ芋の花がどうのと言ってくるが、桐は入獄した時にすでに葉ばかりになっていた。ジャガ芋の花は白く真盛りに咲いている。臭いいやな花だ。枯川老および兄キ（保子の兄・堀紫山）の病気よきよし、喜んでいる。幽月*はどうか。真坊《まあぼう》*の歯はどうか。弥吉はどうか。

「新兵」で刑期が思ったよりも延びたから、いろいろ相談もある。面会に来い。同志諸君および近所の諸君によろしく。

注　「新兵」事件と「青年」事件によって巣鴨監獄に収監され、獄中からの消息である。同志で共有するようにと、週刊『社会新聞』、『日本平民新聞』に掲載された。「新兵」は、社会党の機関誌『光』にフランスの週刊誌『アナルシー』から訳載した「新兵諸君に与う」が新聞紙条例違犯として起訴、「青年」は、再刊した『平民新聞』にやはり訳載したクロポトキン「青年に訴う」が起訴された事件。「青年」の刑が先に決まって軽禁錮一ヵ月半、「新兵」は「朝憲紊乱」とされて重く、同じく四ヵ月（罰金五十円）で、五月下旬から十一月上旬まで入獄する。

＊クロポトキン――一八四二～一九二一。ロシアの地理学者、思想家。一八七四年、「ブ・ナロード」運動で投獄されたが、脱獄して西欧に亡命。理論を深める多くの著書を出し、近代アナキズムの形

成に大きな影響を与えた。バクーニンの「無政府主義の父」に対し、「無政府主義の頭」と呼ばれる。大杉に訳書『青年に訴う』『相互扶助論』『一革命家の想い出』と著書『クロポトキン研究』がある。

＊助松君――南助松（一八七二～一九六五）。夕張炭坑の労働組合・至誠会で活躍。〇六年、足尾銅山に移って支部を結成。〇七年、足尾暴動の首魁として起訴されたが、無罪となる。

＊山川――山川均（一八八〇～一九五八）。早くからの社会主義運動者で、日刊『平民新聞』の編集に参加。大杉と二度獄を共にし、同志として親しい関係が続いたが、のちに派を別にした。

＊幽月――管野すが（一八八一～一九一一）の号。和歌山県の『牟婁《むろ》新報』記者をしていたが、のちに上京して平民社で活動し、幸徳秋水と同棲。大逆事件の中心人物とされ、幸徳ら十一人とともに処刑された。

＊真坊――堺利彦の娘・真柄《まがら》（一九〇三～八三）のこと。のち近藤憲二と結婚。

イタリア語をコツコツと　堺利彦宛　七月七日

〔以下は、妻の保子宛〕その後病気はどうか。前々の面会の時のように、話を半ばにして倒れるのを見たり、また前の面会の時のように、蒼白い弱り込んだ顔色をしているのを見たりすると、いろいろ気にかかって堪らぬ。片瀬行きのことはどうなったか。だんだん暑くもなることだから、もし都合がいいようなら、なるべく早く行くがいい。そして、もう少し気を呑気にかつシッカリ持って、ゆっくり体を養ってくれ。

（以下は、堺利彦宛）僕は相変らず頑健、読書に耽っている。しかし例の「新兵」で思ったより刑期も延びて、別に急がぬ旅になったことだから、その後は大いに牛歩をきめて、精読また精読している。イタリア語も、後に差入れた文法の方が、よほどいいように思われたから、前のはよして、また始めからやり直している。毎日一章ずつコツコツやって行って、来月の末にひと通り卒業する予定だ。

その後読んだもの。チェルケゾフ『社会主義史』の数ページ、クロポトキン『無政府主義の倫理』、同『無政府主義概論』、同『無政府主義と共産主義』、同『裁判と称する復讐制度』、マラテスタ『無政府』、ロラー『総同盟罷工』、ニューエンヒュイス『非軍備主義』（以上、小冊子）。ゾラ『アソンモアル』、クロポトキン『パンの略取』、マラトウ『無政府主義の哲学』、『荘子』、『老子』、『家庭雑誌』、『日本エスペラント』。

ジャガ芋の花を悪く言って、大いに山川兄から叱られたが、あれももう大がい散ってしまったようだ。今は、ネジリとかネジリ花とかいう小さな可愛らしい草花が、中庭一面の芝生の中に入りまじって、そこにもここにもいたるところにその紅白の頭をうちもたげている。面会や入浴の時には、いつもこの中庭の真ん中を通りぬけて行く。眼をあげて向うを見ると、この芝生のつきるところには、一、二間の間をおいて、幾本となく綺麗な檜が立ちならんでいて、そしてその直後に、例の赤煉瓦のいかめしい建物が聳《そび》えている。この檜の木蔭の芝生の厚いところで、思う存分手足を伸ばして一、二時間ひるねしてみたい。

手紙は、一日に平均三通ずつ来る。東京監獄では、監房の中に保存しておくことができたので、毎日のように、退屈になるとひろげ出して見ていたけれど、ここでは読み終るのを待っていて、すぐにまた持って行かれてしまう。あまりいい気持でもない。

同志諸君によろしく。さよなら。

老子の消極的無政府の社会だ　堺利彦宛　八月十一日

暑くなったね。それでも僕らのいる十一監というところは、獄中で一番涼しいところなのだそうだ。煉瓦の壁、鉄板の扉、三尺の窓の他の監房とは違って、ちょうど室《へや》の東西の壁のところがすべて三寸角の柱の格子になっていて、その上、両面とも直接に外界に接しているのだから、風さえあればともかくも涼しいわけだ。それに十二畳敷ばかりの広い室を独占して、夜になれば八畳つりぐらいの蚊帳の中で、起きて見つ寝て見つなどと古く洒落ているのだもの、平民の子としてはむしろ贅沢な住居さ。着物も特に新しいのを二枚もらって、その一枚を寝衣にしている。時々洗濯もしてもらう。

老子の最後から二章目の章の終りに、「甘其食、美其衣、安其居、楽其俗、隣国相望、鶏犬之声相聞、民至老死、不相往来*」という、その理想の消極的無政府の社会が描かれてある。最初の一字の、甘しとしただけがいささか覚束ないように思うけれど、まず僕らの今の生活と言えば、正にこんなものだろうか。妙なもので、この頃は監獄にいるのだという意識が、ある特別の場合の外《ほか》はほとんど無くなったように思う。

かつてロシアの同志の、獄中で猫を抱いている写真を、何かの雑誌で見て、日本もこんなだといいがなあなどと言って、みんなで大いにうらやましがったことがあった。ところがこの巣鴨の監獄にも、白だの黒だの斑《ぶち》だの三毛だのと、いろいろな猫がそこここにうろついている。写真は撮れないけれど一所に遊ぶことくらいはできるだろうと思って、試みに小さい声で呼んでみるが、恐ろしい眼をまろくして、ちょっとねめつけるくらいが関の山で、立ち止まってみようともしない。聞くにまったく野生のものばかりだそうだ。僕の徳、はたしてこれを懐かしむるに至るかどうか。

ナツメ〔飼猫〕は大怪我をしたそうだが、その後の経過はいいかしら。

保子から、やれ胃腸が悪いの、やれ気管支が悪いの、やれどこが悪いのと、手紙のたびにいろいろなことを言ってくるが、要するにいよいよ肺に来たのじゃないかと思う。医者はよく肺の初期をつかまえて、胃腸だの気管支だのと言うものだ。面会の時なぞも、勢いのないひどく苦しそうな呼吸をしているのを感ずる。できもすまいけれど、まあできるだけ養生するよう、よく兄《けい》よりお伝えを乞う。なお留守宅の万事、よろしく頼む。

社会党大会事件*、またまた検事殿より上告になったよし。「貧富」や「新兵」の先例から推すと、近々の中《うち》に深尾君もまたやって来なければならぬのか。同君によろしく。なお、孤剣、秀湖、西川、山川、守田*の諸君によろしく。真《まあ》さんにもよろしく。さよなら。

＊「甘其食、……」――老子「道徳経」の一節。「その食を甘しとし、その服を美とし、その居に安

んじ、その俗を楽しむ。隣国相望み、鶏犬の声相聞こゆるも、民は老死に至るまで相往来せず」。訳——食べ物がうまく、着る物が美しく、住む処に満足し、日々の生活を楽しんで暮らす。隣国が互いに見え、鶏や犬の鳴き声が聞こえるほど近くても、人々は老いて死ぬまで、その隣国と行き来することはない（それが理想的な国だ）。

＊社会党大会事件——『平民新聞』二月十九日掲載の「社会党大会」の記事のため、編集兼発行人の石川と深尾が起訴されていた。

＊守田——守田文治（一八八二〜一九五四）。別名・有秋。『二六新報』記者。上京した山川とともに運動に加わる。のち大杉入獄中に妻・保子を支えて、復刊する『家庭雑誌』の編集に当たった。

二つの野心を果たしたい　幸徳秋水宛　九月十六日

暑かった夏もすぎた。朝夕は涼しすぎるほどになった。そして僕は「少し肥えたようだね」など と看守君にからかわれている。

この頃読書をするのに、はなはだ面白いことがある。本を読む。バクーニン、クロポトキン、ルクリュ、マラテスタ、その他どのアナキストでも、まず巻頭には天文を述べている。次に動植物を説いている。そして最後に人生社会のことを論じている。やがて読書にあきる。顔をあげて、空をながめる。まず目にはいるものは日月星辰《じつげつせいしん》、雲のゆきき、桐の青葉、雀、鳶、烏、さらに下って向うの監舎の屋根。ちょうど今読んだばかりのところをそのまま実地に復習するようなのです。そして僕は、僕の自然に対する知識のはなはだ薄いのに、毎度毎度恥じ入る。これからは大いにこの自然を研究してみようと思う。

読めば読むほど考えれば考えるほど、どうしても、この自然は論理だ。論理は自然の中に完全に実現せられている。そしてこの論理は、自然の発展たる人生社会の中にも、同じくまた完全に実現せられねばならぬ、などと、今さらながらひどく自然に感服している。ただし僕のここにいう自然は、普通に人の言うミスチックな、パンティスチックな、サブスタンシェルな意味のそれとはまったく違う。兄《けい》に対してこの弁解をするのは失礼だからよす。

僕はまた、この自然に対する研究心とともに、人類学にははなはだ趣味をもって来た。そしてこの人類学はまた、人生の歴史に強く僕の心をひきつけて来た。こんな風に、一方にはそれからそれと泉のごとく、学究心が湧いてくると同時に、他方には、また、火のごとくにレヴォルトの精神が燃えてくる。僕は、このスタデーとレヴォルトの二つの野心を、それぞれ監獄と社会とで果し得たいものだと希望している。

兄の健康は如何《いか》に。『パンの略取』の進行は如何に。僕が出獄したらすぐに多年宿望のクロの『自伝』をやりたいと思っている。今その熟読中だ。

枯川にイタリア語のハガキの意味はわからんといってくれ。保子に判決謄本と『アナルシー』と授業料とを忘れないように、ことに授業料は早くと伝えてくれ。留守宅のことをよろしく頼む。マダムによろしく。同志諸君、ことに深尾、横田*の二兄によろしく。さよなら。

＊横田——横田兵馬（一八八八～一九〇九）。幼年学校に入学したが、危険思想の廉《かど》で追われ、一高に入学。『新紀元』派の運動に参加。結核のため早世。大杉は「僕を最もよく知っていた」男と惜しんだ。

イナクチブの生活にあきた　山川均宛　十月十三日

きのう東京監獄から帰ってきた。まず監房にはいって机の前に腰を下ろす。ホントーに「うち」に帰ったような気がする。

僕は法廷に出るのが大嫌いだ。ことに裁判官と問答するのがいやでいやで堪らぬ。いっそのこと、ロシアのように、裁判もしないですぐにシベリアへ逐いやるというようなのが、かえって赤裸々で面白いようにも思う。貴婦人よりは淫売婦の方がいい。

裁判がすめばひとまず東京監獄へ送られる。門をはいるや否や、いつも僕は南京虫のことを思うて戦慄する。一夜のうちに少なくとも二、三十ヵ所はかまれるのだもの、痛いやらかゆいやら、寸時も眠れるものじゃない。加うるに書物はなし、昼夜時の過ごしようがない。わずか二、三日して巣鴨に帰ると、獄友諸君からしきりに「痩せた痩せた」というお見舞いを受ける。

ただ東京監獄で面白いのは鳩だ。ちょうど飯頃になると、窓の外でバタバタと羽ばたきをさせながら、妙な声をして呼び立てる。試みに飯をひとかたまりほうってやる。すると、どこからとも知れず十数羽の鳩があわただしく下りてきて、瞬くうちに平らげてしまう。またほうってやる。つい面白さにまぎれて、幾度も幾度も続けさまにほうってやる。ある時などは、飯をみんなほうってやってしまって、汁ばかりすすって飯をすましたこともある。あとで腹がへって困ったけれど、あんなことはまたとない。

巣鴨に帰る。「大そう早かったね、裁判はどうだった」などと看守君はいろいろ心配して尋ねてくれる。なんだか気も落ちつく。ホントーに「うち」に帰ったような気がする。

しかしこの「うち」にいるのも、もうわずかの間となった。僕もまた、久しきイナクチヴの生活にあきた。早く出たい。そして大いに活動したい。この活動については、大ぶ考えたこともある。決心したこともある。出たらゆっくり諸君と語ろう。同志諸君によろしく。

兄の家の番地を忘れたから、この手紙は僕の家に宛てた。守田兄によろしく。さよなら。

巣鴨にて、一〇九八生

出るや否や治ってしまった　石川三四郎宛　十二月二十日

疲れやら忙しいやらで大いに失礼した。この頃の寒さにはさぞお困りのことと察する。痔はどうか。僕は出るや否や、何もかもみんなすぐに治ってしまった。西川は北海道へ遊説に行った。三崎町の研究会は毎回出席者約十名。金曜講演の方は五十名ばかり。支那人のアナキスト・ミーチングは百五十名も来る。余はまた。幽月君、保子よりよろしく。

君のこの頃の手紙はあまりヤソくさいので大へん評判が悪いよ。

注　十一月十日に出獄。すぐに中国人の社会主義講習会（文中のアナキスト・ミーチング）での講演や、金曜講演の講師を何回も務める。金曜講演は、『平民新聞』廃刊後、社会主義運動が直接行動派（硬派）と議会政策派（軟派）に分裂した後の硬派・金曜会の集会である。「三崎町の研究会」とあるのは、もう一方の軟派・社会主義同志会の集会で、日曜日に開かれた。

一九〇八・明治四十一年

罪の化身とはいえ同じく人間なり　石川三四郎宛　一月一日

きょうの『万朝』に「監獄の初春」という記事がある。曰く、彼らはげゝに罪の化身なりとはいえ同じく人間なり、されば政府も元日だけは囚人に労役を休ませ、人間なみの食物を給して初春をめでたく祝わせるとは、わが大君の恵みの雫《しずく》かかる醜草《しこぐさ》にまであまねきかとただ畏《かし》こみ奉るの外《ほか》ぞなき、だとさ。ほんとに有難いわけだ。

兄《けい》の『日本社会主義史』の補遺を僕が書くことになって、ようやく数日前にともかくも書きあげてしまった。多分五日頃から印刷にかかるだろう。一昨日大阪から森近*がやって来た。十日頃まではいるとのこと。

添田夫人（唖蟬坊、添田平吉夫人）、西川夫人の二人は婦人講演を始めた。

＊森近――森近運平（一八八一～一九一一）。上京後、社会党評議員、幹事となる。『平民新聞』廃刊後、大阪に戻り、『大阪平民新聞』を発行。のち大逆事件に連座、死刑とされる。

アジアは革命の芽をはらんでいる　『国際社会評論』宛　一月十二日

同志諸君！

監獄から出てきたばかりの日本の若いアナキストの手紙を受けとってもらいたい。

去年の三月のことであった。『革命評論』の同志が諸君の手紙をもってきて、返事を書いてくれといってきた。その一週間後、僕は日本エスペラント協会の事務所で、諸君の『社会評論』をみつけて大いに喜んだものであった。すぐに何かを書いて諸君の雑誌の寄稿者になろうと決心したのだった。

ところが僕は三つの訴訟をかかえこんでいて、判決の日が数週間後に迫っていた。とっても多忙で、ペンをとる時間がどうしてもなかったのだ。

とうとう三月になって、僕は入獄し、そこで五ヵ月半を暮らす羽目になってしまった。訴因というのは簡単なことだ。クロポトキンの『青年に訴う』と、『アナルシー』の一九〇六年十月二十七日号から「新兵諸君に与う」を訳し、日本のソシアリスト・アナキストの日刊紙『平民新聞』にのせたのであった。第三の事件は、本日現在、進行中である。

同志諸君、こんなぐあいで僕は自由の世界へ帰ってきたのだ。監獄と比べてのはなしだが、とっても自由な世界である。今後、諸君の雑誌に日本、朝鮮、支那、安南やインドの革命運動に関するなんらかの原稿を必ず送ることにしよう。これらの諸国の革命的行動を諸君に知らせるために、僕はすこぶる便利な条件にあるのだ。いま、アジアは大革命の芽をはらんでいる。反乱の火はいたるところで燃え上がろうとしているのだ。

四、五日のあいだ待ってもらいたい。僕の最初の原稿がつくはずだ。

革命的あいさつをもって

エイ・大杉

一月十二日、東京

追伸——東京にはエスペラントを学ぼうとしている数人の同志がいる。「自由人エスペラント会」を作るところだ。

（日本語訳＝宮本正男「大杉栄のエスペラント文」『煙』一九八五年五月）

注　オランダのエスペラント誌『国際社会評論』にエス語で送った書簡。原文が大杉栄全集刊行会版『大杉栄全集』第四巻に収録されており、その訳文である。文中「日本、朝鮮、支那、安南やインドの革命運動に関する」原稿とあるのは、このときアジア各国による亜洲和親会に参加していたからである。和親会は、アジア諸国を蚕食している帝国主義に反対し、独立・自由を守るとともに、各国の同志が連帯してそれぞれの革命を達成し、アジア連邦の結成をめざす連合体であった。しかし、大杉はこのあと再び入獄し、原稿を送ることができない。その事情を、出獄後の四月に出す同誌宛の第二信に書くことになる。

革命家たるわれわれには　堀保子宛　一月二十三日

出てからまだ二た月とも経たぬうちに、またおわかれになろうとは、ほんとに思いもよらなかった。革命家たるわれわれの一生には、こんなことがいずれ幾度もあるのだろうと思うが、情けないうちにもなお何となく趣きのある生涯じゃないか。どうぞ「また無責任なことをして」などと叱っておくれでない。それよりか竜馬《いま大逆事件で秋田に終身ではいっている坂本清馬*のこと》が口ぐせのように歌っていた「行かしゃんせ行かしゃんせ」でも大声に歌ってくれ。

とは言うものの、困ることは困るだろう。お為さん*に頼んで、隆文館に事情を話して、少なくとも、もうテンぐらいはとって貰ってもよかろう。安成*から『新声*』の原稿料をよこすだろう。毎度ながらまた紫山に少し無理を言え。それからこの次の面会の時に洋服を宅下げするから、飯倉《質屋》へでも持って行け。それでともかくも本月はすませるだろう。来月は例の保釈金《電車事件の際の》でも当てにしているがいい。

枯川はしきりに同居説をすすめる。それはあなたの自由に任すが、ともかくもこの際、今の家をたたんでしまった方がいいと思う。どこでもいいじゃないか、当分の間のことだ。経済上は勿論《もちろん》、一人で一軒の家を構えていては、いろいろ不便で困るだろう。できるなら本月中に何とかするがいい。

山口に至急本を差入れてくれ。小さい方の本箱の上にある、竹の棚の中の英文の本がみなそれだ。

たしか七冊あったと思う。それに『源氏』と『法華経』と『婦人新論』と『新刑法』とを入れてやってくれ。『新刑法』は小冊子だ。やはりその竹の棚の中にある。持って行くのは、宇都宮か誰かに頼んだらよかろう。それから古川浩のところに事情を話して、差入れのできないことを言ってやってくれ。

手紙は隔日でなければ書けない。余は明後日に。手紙は誰にも見せるには及ばん。さよなら。

注　一月十七日の金曜会屋上演説事件で逮捕され、東京監獄からの書簡。事件の顛末は、四月の『国際社会評論』宛に説明している。

＊坂本清馬——一八八五～一九七五。上京後、幸徳を知り運動に入る。大逆事件で死刑判決後、特赦で無期懲役となり、秋田監獄で服役。六一年、事件ただ一人の生存者として再審請求。棄却されたが、最後まで活動を続けた。

＊お為さん——為子。一九〇五年、堺利彦の後妻となる。保子と親しい。

＊安成——安成貞雄（一八八五～一九二四）。社会党、日刊『平民新聞』に参加。新聞記者。のち大杉の『近代思想』にも執筆。民俗学など該博な知識の持ち主で、論壇の鬼才とも謳われた。

＊『新声』——文芸誌『新潮』の前身。「原稿料」は大杉が執筆した「ツルゲーネフとゾラ」の稿料。

日本の一謀反人が愛読　森近運平宛　一月二十八日

またやられたよ。しかし今度はまだろくに監獄っ気の抜けない中《うち》に来たのだから、万事に馴れていてはなはだ好都合だ。ただ寒いのには閉口するが、これとても火の気がないというだけで、着物は十分に着ているのだから巣鴨の同志のことを思えばそう弱音もはけない訳さ。窓外の梅の花はもう二、三分ほど綻《ほころ》びている。寒いと言ってもここ少しの辛棒《しんぼう》だ。

今クロポトキンの『謀反人の言葉』という本を読んでいる。クロがフランスのクレボーの獄に入って二年半あまりを経て、その同志にして親友なるエリゼ・ルクリュが「クレボーの囚人はその監房の奥からその友人と語るの自由を持たない。しかし少なくとも彼の友人は、彼を思い出し、また彼のかつて物語った言葉を集めることはできる。そしてまた、これは彼の友人の義務である」と言って、クロが一八七九年から一八八二年の間、無政府主義新聞『謀反人《ル・レボルテ》』に載せた論文を蒐集したものである。『パンの略取』は理想の社会を想望したものとして、『謀反人の言葉』は現実の社会を批評したるものとして、ともにクロの名著として並び称せらるるものだ。

クロはいわゆる「科学的」社会主義の祖述者のごとくに、ことさらに、むずかしい文字と文章とを用いて、そして何だかわけの分らない弁証法などという論理法によって、数千ページの大冊の中にその矛盾背理の理論をごまかし去るの技倆を持たない。しかし彼は、いかなる難解甚深の議論といえども、きわめて平易なる文章と通俗なる説明とを用いて、わずかに十数ページの中にこれを収むるの才能をもっている。世界の労働者の中に、『資本論』を読んだものは幾人もいない。しかし『パンの略取』と『謀反人の言葉』は、少なくともラテン種の労働者の間に愛読されている。

クロは常に科学的研究法に忠実である。その『謀反人の言葉』は、まず近世社会の一般の形勢に起して、国家と資本と宗教との老耄衰弱してゆくさまと、またその荒廃の跡に自由と労働と科学の新生命との萌え出ずるさまを並び描いて、そして近世史の進化の道行が明らかに無政府共産の中にあることを説明して、最後に「略取」の一章においてその大思想を略説結論している。その中の主なる、「青年に訴う」、「パリ一揆」（「パリ・コミューン」）、「法律と権威」、「略取」の数章は、すでに小冊子として英訳が出ている。

この露国の『謀反人の言葉』は今、東京監獄の一監房の隅において、その友と語るの自由なき日本の一謀反人によって反覆愛読されつつある。

二つ楽しみがある　堀保子宛　一月三十一日

手紙が隔日に二通ずつしか書けないのみならず、この隔日もまた折々障礙《しょうがい》せられるので不便で困る。二十五日に書こうと思ったら、監獄に書信用紙がないと言う。次の二十八日には、大阪へ出す手紙を書いている中《うち》に時間が来て監房へ連れて帰られる。昨日はと思ったら、何とか天皇祭とかで休みだと言う。そんなことで今日ようやく第二信を書く。

あちこちから「未だ健康も回復しないうちにまた入獄とは」というのでしきりに見舞いが来る。ところが、入獄の時に体重が十四貫五十目あった。巣鴨を出る時に較べれば一貫二百五十目増えている。また先きに巣鴨にはいった時に較べれば百目ばかりしか不足していない。そしてこの百目はたしかに本郷警察の二日と警視庁の一日とで減ったのだと思う。すると僕の健康はもう十分に回復していたのだ。幸いに御安心を乞う。

かえってまだろくに監獄っ気の抜けないうちに来たのだから、万事に馴れていて、はなはだ居心地がいい。飯も始めから十分に食える。ただ寒いのには閉口するが、これとても火の気がないというだけで、着物は十分に着ていられるのだから、巣鴨の同志のことを思えばそう贅沢も言えない訳だ。しかし寒いことは寒いね。六時半から六時まで寝るのだが、その間に幾度目をさますか知れない。それでも日に日に馴れてくるようだ。

この寒い中に二つ楽しみがある。一つは毎日午後三時頃になると、ちょうど僕の坐っているところへ二尺四方ばかりの日がさして来る。ほんのわずかの間の日向《ひなた》ボッコだが非常にいい気持だ。もう一つは三日目ごとの入浴だ。これが獄中で体温をとる唯一のものだ。僕のような大の湯嫌いの男が、「入浴用意」の声を聞くや否や、急いで足袋《たび》とシャツとズボン下とを脱いで、浴場へ行ったらすぐ第一番に湯桶の中に飛びこむ用意をしている。

あなたはこの寒さに別にさわりはないか。また巣鴨の時のように、留守中を床の中で暮すようでは困るから、できるだけ養生してくれ。面会などもこの寒さを冒してわざわざ三日目ごとに来るにも及ばない。

もう転宅《ひっこし》はしたか。あんなところではいろいろ不自由なこともいやなこともあろうけれど、まあ当分の間だ、辛棒《しんぼう》していてくれ。そして職業なぞのことはどうでもいいからあまり心配をしないで、もう少しの間形勢を見ていてくれ。

留守中、かつて幽月の行っていたところへ英語をやりに行かないか。勉強にもなるし、また少しは気のまぎれにもなるだろう。お為さんによろしく。真坊《まあぼう》はどうしている。

寒いので手がかじけてよく書けない。ご判読を乞う。

お役人に笑われるよ　堀保子宛　二月五日

一昨日手紙を書こうと思ったら、また用紙がないと言う。そして今日もまたないと言う。いやになってしまう。やむを得ずハガキにした。またさびしいと言って泣言を書き立てているね。検閲をするお役人に笑われるよ。

手紙はできるだけ隔日に書くこととする。あなたの方も、もう少し勉強なさい。二十三日のハガキと二十七日の封書とが着いたばかりだ。《下略》

出たら小説の翻訳を　堀保子宛　二月十三日

保釈はまだ何とも言ってこない。もし許されたらすぐ電報で知らせる。

兄キの子供が死にそうだとか言っていたが、その後どうしたか。いやだなぞと言わずに、たまには行ってみるがいい。そして毎度毎度ではなはだ済まないような気もするが、少しは何とかして貰うさ。

面会をああ長く待たせられて、そして、ああ短くすまされては、何とも仕方がないね。これからは月に二、三度も来れば大がい用も足りるだろう。そしてそのかわりにもう少し手紙をくれないか。かまわないから大いに森近夫人（森近運平夫人繁子）式にやるさ。

この前の面会の時にまたひっこすとか何とか言っていたが、それはいろいろ嫌なことも不自由なこともあろうけれど、なるべくならあまり面倒なことをしないで、今のところで辛棒《しんぼう》していたらどうだろう。わずか二た月ばかりのことじゃないか。

南はどうしている。出たことは出たが、やはり困っていやしないか。そのほかの連中はみなどうした。

僕は、こんど出たら少し小説の翻訳をやってみようと思っている。短いのでやりやすいようなのが、二つ三つ今手もとにある。小説が一番金になりやすくてよかろう。

兵馬にツルゲーネフとゴーリキーの小説を送るように言ってやってくれ。翁（堺利彦）からの手紙によればもう肺結核が二期にまで進んでいるんだそうだね。

福田*、大須賀*の二女史から見舞いが来た。会ったらよろしく言っておいてくれ。

この手紙はたぶん裁判所へ廻らないで、すぐ行くかと思う。さよなら。

＊福田——福田英子（一八六五～一九二七）。早くから婦人運動に挺身。社会主義に傾斜し、婦人解放を主眼とする『世界婦人』を発行。また谷中村支援など終生、社会運動を続けた。

＊大須賀——大須賀里子（一八八一～一九一三）。金曜講演に参加。この年、山川均と結婚するが、若くして病没。

激しい戦いに忍び得るや　堀保子宛　二月十七日

昨日は何だか雪でも降りそうな、曇った、寒い、いやな日だった。こんな日には、さすがにいろいろなことを思い出される。夜もおちおちと眠れなかった。窓のそとには、十二、三日頃の寒月が、淋しそうに、澄みきった空に冴えていた。

僕の今いるところは八監の十九室。一昨年はこの隣りの十八室で、長い長い三ヵ月を暮したのであった。出て間もなく足下と結婚した。しかるにその年のうちに、例の「新兵諸君に与う」でまた裁判事件が起る。そして、年があけてようやく春になったかと思うと、またまた「青年に訴う」が起訴される。その間に、雑誌はますます売れなくなる。計画したことはみな行き違う。ついに始めての家の市ヶ谷を落ちて柏木の郊外に引っこむ。思えば甘いなかにもずいぶん辛い、そして苦い新婚の夢であった。

その夢もわずか九ヵ月ばかりで破れてしまう。僕は巣鴨に囚われる。そしてしばらくするうちに、余罪で、思いの外《ほか》に刑期が延びる。雑誌は人手に渡してしまう。足下は病む。かくして悲しかった六ヵ月は過ぎた。

出獄する。自分も疲れたからだを休め、足下にも少しは楽な生活をさせようと思って、かれこれしているうちに、またこんどのような事件が起って、再びお互いに「長々し夜」をかこたねばならぬこととなった。これがわずか一年半ばかりの間の変化だ。足下と僕との二人の生活の第一ページ。

そしてこの歴史は、二ページ三ページと進むに従って、ますますその悲惨の度を増して行くことと思う。僕は風にも堪えぬ弱いからだの足下が、はたしてこの激しい戦いに忍び得るや否やを疑う。しかし僕は、この際あえてやさしい言葉をもって、言い換えれば偽りの言葉をもって、足下を慰めるようなことはしたくない。むしろ断然宣言したい。あのパベルのお母さんを学んでくれ。

僕はこの数日間、ゴーリキーの『同志』をほとんど手から離す間もなく読んだ。足下も『新声』でその梗概を見たと思う。パベルのお母さんが、その子の入獄とともに、その老いゆく身を革命運動の中に投じて、あるいは秘密文書の配付に、あるいは同志の破獄の助力に、粉骨砕身して奔走するあたり、僕は幾度か巻を掩《おお》うて感涙にむせんだ。『新声』のは短くてよく分らんかも知れんが、もう一度読み返して御覧。そして彼が老いたるマザーにして、自らが若きワイフなることを考えて御覧。

次の書物を送ってくれ。La Conquéte du Pain / De la Commune à l'Anarchie / Le Socialisme en Danger 三冊とも赤い表紙の本だ。それから若宮*に「ノヴィコー」の本を借りて来てくれ。ノヴィコーと言えばわかる。さよなら。

＊若宮——若宮卯之助（一八七二〜一九三八）。〇六年、米国留学から帰国、堺、大杉らと交わる。〇九年、雑誌『時代の批評』を発行。のちに国粋主義に傾く。

この手紙は人に見せるに及ばぬ　堀保子宛　三月二十二日

少しも手紙が来ないから、どうしたのかと思って心配していたが、はたしてまた病気だそうだね。一体どこが悪いのか。雪の日に市ヶ谷へ行ったからだというが《二、三人の仲間の出獄を迎いに》重い風邪にでもかかったのか。それともまた、他の病気でも出たのか。少しも様子が分らないものだから、いろいろと気にかかる。そしてその後はどうなのか。もし相変らず悪いのなら、六日にはわざわざ迎いにまで来なくともいいから、それよりは大事にして養生していてくれ。

僕も十日ばかり前に湯の中で脳貧血を起して、その後とかくに気分が勝れない。たぶん栄養と運動との不足なところへ、あまり読み過ぎたり書き過ぎたりしたせいだろうと思う。書物を読み出すとすぐに眼が眩《くら》んでくる。頭が痛くなる。しばらく何にもしないでぼんやりしている。するとこんどは退屈で堪らなくなる。やむを得ずまた書物を手に取る。毎日こんなことを幾度も幾度も繰返して暮している。しかし別に大したほどではないのだから、出てから少しの間静かに休養すればよかろうと思う。しもやけも、一時は大ぶひどかったが、暖かくなるに従ってだんだん治ってきた。

その後セーニョボーの話はどうなったか。古那はどこの本屋へ相談したのだろう。もしその話がうまく行ったら、当分どこかの田舎に引っこみたいね。温泉でもよし、また海岸でもいい。

『平民科学』の原稿*はただ写し直しさえすればいいようになっている。

志津野の子が生れたそうだね。まつのさんはどうか。この手紙は私事ばかりだから人に見せるに及ばぬ。もうあとが三日、四日目には会える。さよなら。

巣鴨にて、一二〇〇生

＊『平民科学』の原稿——有楽社から刊行された平民科学叢書のうち、第六編ハワード・ムーア著
『万物の同根一族』を訳出した、その翻訳原稿。

出獄する三人から　石川三四郎宛　三月二十六日（堺利彦、山川均と連名）

二十六日午前七時、今出たよ。連翹《れんぎょう》の花が咲いてる。鸚鵡《おうむ》が籠の中からのぞいてる。幸いに雨もふらぬ。これから柏木に帰る。サヨナラ。

監獄門前茶店にて、彦

後からはいってお先きへ出るので何だか相済まぬようだ。御丈夫なそうでまずおめでとう。いま皆で君の話をしている。

均

センベイをかじりながらこの端書を書く。

栄

戸山ヶ原で出獄歓迎会　石川三四郎宛　三月三十日

急にさびしくなったろう。

僕らの裁判（電車事件の裁判）は来月の二十八日に延期することになった。大いに助かった。きのう戸山の原で僕らの歓迎会があった。もうどこの貸席もかしてくれないのだ。

日勤・夜勤の看守君によろしく。

注　三月二十六日に屋上演説事件の大杉、堺、山川が出獄。その歓迎会が戸山ヶ原で行われた。刑期

十三ヵ月の石川はまだ獄中である。

金曜会屋上演説事件の顛末　『国際社会評論』宛　四月七日

親愛なる同志。

またもや二回目の監獄入りでペンをとることができなかった。

君に手紙を出してから一週間後、つまり一月十七日に、朝憲紊乱《びんらん》のかどで、五人の同志といっしょにつかまったのだ。

この日、僕らは定例の金曜集会を同志の家で開いた。数人の警視と制服私服のおまわりさんを別にしても、四十人ばかりの聴衆がいたのだ。

はじめに有名なソシアリストの守田文治がトーマス・モーアの『ユートピア』のはなしをした。ある日、このユートピアへ外国の大使がやってきた。金、銀、石のメダルを胸にぶらさげている。これをみて、みんな大笑いをした。こんな役にもたたぬ金物類を、ユートピアの人たちは頭から軽蔑していたからだ。

ここで、臨検席にいた署長がすっくと立ちあがった。「弁士、中止!」このいささかこっけいな態度に同志の数人が、ユートピアの人びとのように、大笑いしたのだ。そこで、傲慢な署長が、もう一度どなった。「解散!」この無法きわまる命令に聴衆みんなが抗議して、解散しようとはしなかったのだ。守田のはなしのどこが安寧秩序を乱すというのだ。そこへ、それまで屋外にいた十人余りの警官が入ってきて、僕らを力ずくで屋外へ出そうとした。そこで僕らと警官のあいだで乱闘がはじまったのだ。

騒ぎを聞きつけて、町の人びと、通行人が家の前へ集まってきた。それが、会場から遠くないところの砲兵工廠のひけどきと、たまたまぶつかった。数千の労働者が群れに加わってきたのである。好機逸すべからず。わが同志らはふるいたった。有名なソシアリストの堺利彦が、月光の降りそそぐ屋上へ出て、その雄弁で町の空気を震撼させた。ソシアリストとアナキストの半月刊の機関紙『日本平民新聞』の寄稿者の山川均と僕が堺につづいた。僕らは、ソシアリズムというよりは、アナキズム、反軍国主義、総同盟罷工論をぶちあげた。こんなことを、かくも公然と、大胆に、しゃべったことは、かつてなかったことなのだ。そして最後に閉会を宣言したのであった。

はじめ四十の聴衆が後には一千を越えるほどにふくれあがっていた。はじめにはモーアのユートピアのはなしをしたのにすぎないが、後には社会革命を大いに論じたのであった。そこで、僕らは、署長のこの措置を大いに徳として、喜んで縛についたのだった。数人の同志もいっしょにふんづかまったわけだが、大衆の力で奪還され、やつらの手に残ったのは、竹内善朔、森岡永治、坂本清馬の諸君だけだった。

奪還された中には支那の著名なアナキスト、張継同志がいた。くやしがった官憲は、彼を捕えて支那当局へ引き渡そうとして、彼の家をおそった。だいぶ前から、張継の首には一万フランの賞金がかかっていたのだ。しかし、心配はご無用だ。彼はいま外国にいる。

結果は次のとおりだ。二十三日の勾留のあと、堺、山川、僕の三人は一ヵ月半、竹内、森岡、坂本は一ヵ月の禁錮だった。

約束をすっぽぬかしたわけは以上のとおりだ。僕は先月末、監獄を出て、一週間の地方伝道旅行から昨晩帰ってきたところだ。今後、約束はきっと果たす。まず、この国の社会主義運動の歴史を書く。歴史をのみこんでおいてもらわぬと、僕がこれから書くことの委細がわからないからだ。

（日本語訳＝宮本正男「大杉栄のエスペラント文」『煙』一九八五年五月）

明日は小金井で観桜会を開く　石川三四郎宛　四月十九日

今日保子と二人で福田家を訪《おとの》うた。女史（福田英子のこと）は玄関で張物をしていた。なかなか元気なものだ。餅菓子を御馳走になっている所へ、どこかの花婿花嫁がやって来たので、そうそうにして逃げ帰った。庭にはぼけと椿とが真盛りに咲いていた。あと丁度一ヵ月だね。明日は社会党の連中が勢揃いをして小金井に観桜会を開く。

今日はメーデーの行列をやる　石川三四郎宛　五月三日

裁判（前出の電車事件の裁判）がまた延期になって、こんどは丁度君の出獄の日（五月十九日）と決まった。今日はメーデーの行列をやるので、僕はいま日比谷へ行く途中だ。またやられるかも知れんね。

山中夢中也

重禁錮一ヵ年半という宣告　『熊本評論』宛　六月十三日

今日仙台で重禁錮一ヵ年半というありがたい宣告を受けた。どうせ戦争をやっているのだから、どんな創《きず》をつけられようが、また殺されようが仕方がないけれども、いつも味方ばかりやられて、敵は無事平穏にいやがるのだからシャクに障《さわ》る。入獄の時を遅らすために、とにかく上告はしておいた。

注　仙台（宮城控訴院）の判決は、二年前の電車事件に対するもの。上告は棄却され、七月に確定。

旗の縫賃を払ってくれ　堀保子宛　七月二十五日

（前文紛失してなし）……もその肩を聳《そび》やかして、それはそれは意気けん昂なものだ。礼さん（小暮礼子）も病監にはいっているのだそうだね。

十七日に電車の判決があったのだから、すぐ赤い着物を着ることと思って、毎日のように待っていたけれど、まだ何とも音沙汰がない。堺も山川も同じことだ。あるいは予審の決定を待っているのじゃないかと思う。察するに、今夜あたり決定書が来て、そして明日早朝、赤い着物になるのかも知れぬ。

保釈の金は戻ったことと思う。その処分については、なお会ってよく話そう。お為さんも困っているだろう。あすこからの借金だけは、ともかくも返しておくがいい。お為さんがうちのあとへ来て、そして足下が二階へ行ったのだそうだね。

守田は『二六』をやめられたそうじゃないか。大恐慌だろう。細君はどうだ。秋水も土佐を出たとか、東京へ着いたとかいう話だが、どうしたか。いつか常太郎君（延岡常太郎。堺夫人為子の弟）から差入れがあったが、帰ってきているのか。宮永はどうしている。南の魚屋はどうした。諸君によろしく。

大森へ旗の縫賃*を払ってくれ。いくらとも決めてはなかったのだが、いいように払っておいてくれ。何だか裁判所へ証人として呼び出されたような様子だが、もしそうだったらわびをしておいてくれ。

エスペラントの夏季講習会はどうしたろう。

電車の刑を執行されても、巣鴨へ行くようなことはない。みんな済ましてから行くのだろう。

注　六月二十二日に起こった赤旗事件で検束、東京監獄未決監からの手紙。判決が出た電車事件ではなく、次項で注解するように、この事件で入獄することになる。「堺も山川も同じこと」である。

＊旗の縫賃——「旗」は事件の元になる赤旗のこと。荒畑が間借りしている主婦に、赤い布地に白いテープで「無政府」などの文字を縫い付けてもらった。

下駄の緒の麻縄をよる仕事だ　堀保子宛　九月二十五日

この監獄はさすが千葉町民の誇りとするだけあって、実に立派な建築だ。僕らのいる室《へや》はちょうど四畳半敷ぐらいの分房で、なかなか小ざっぱりしたものだ。巣鴨に較べて窓の大きくてそして下にあるのと、扉の鉄板でないのとがはなはだありがたい。七人のものはあるいは相隣りし、あるいは相向いあっている。

来てから三、四日して仕事をあてがわれた。何というものか知らんが、下駄の緒の芯にはいる麻縄をよるのだ。百足二銭四厘という大枚の工賃で、百日たつとその十分の二を貰えるのだそうだ。今のところ一日七、八十足しかできない。

先日の面会の時、前へオイとか左向けオイとかいう大きな声の号令を聞きやしなかったか。あれがこの監獄の運動だ。僕らは七人だけ一緒になって毎日あれをやっている。堺がまさに半白ならんとするその大頭をふり立てて、先頭になって、一二、一二と歩調をとって行くさまは、そりゃずいぶん見ものだ。

兄キに叱られたというが、何を言われたのか。浜の人には会ったか。谷君*の方はまだ決まらぬか。話の都合によってはいずれにしても宜《よろ》しかろうが、茅ヶ崎に一人いるというようなことはとてもできまい。ともかくも決定する前に詳しく手紙で書いて寄越して、そして面会に来い。

鹿住から何とか返事があったか。あるいは静岡の方（三保にいた父・大杉東）からそんなところへ寄らなくともいいとか何とか言われていやしないか。僕からは来月あたり手紙を出そうと思う。五百も請求しようと思うが、多いとかえってむずかしいからあるいは三百ぐらいにしておこうか。そしてそのうち百ばかり本を買おうと思う。その前に僕の『万物の同根一族』を送っておいてくれ。

パリから書物が来たら、著者の名とおよび紙数を知らしてくれ。ドイツ語の本はできるだけ早く送ってくれ。スケッチ（アーヴィング『スケッチ・ブック』）ほか数冊郵送の手続きをした。その中の La Morale というのは兵馬に返してくれ。カスリの単衣《ひとえ》は宅下げすることができんそうだ。

千葉あたりに住みたいなどとそんな我儘《わがまま》を言うものでない。病気はいかが。猫のはがきは着いた。その他、足下のはみな見せられたようだ。他の同志からのはまだ一通も見ない。山川へエスペラントの本を送ったか。そのほかこうしてくれ、ああしてくれということは一々《いちいち》何とか返事を寄越してくれ。

次のことを秋水に知らせてくれ。悟君の事件*の本人には、堺、森岡、僕の三人の名をもって絶縁を宣告する。また、同志諸君にも爾来《じらい》彼を同志視せざらんことを要求する。山川にもこの旨知らしてくれ。

同志諸君によろしく。

注　赤旗事件で入獄した千葉監獄からの発信。事件は山口孤剣の出獄歓迎会のときに起こった。硬派・軟派合同の会だったが、閉会すると、大杉ら硬派の面々が「無政府」「無政府共産」などと白書した赤旗をかざして場内（神田・錦輝館）を練り歩いた。軟派に対する示威であるが、勢いにのって彼らは大杉の赤旗を先頭に外に出て行く。待ち受けていた警官が旗を取り上げようとし、争奪戦のうちに、神田署から応援隊が来て、結局十四名が留置場に放り込まれた。これだけの事件だが、判決は重い刑を科し、大杉の二年六ヵ月をはじめ、堺・山川・森岡が二年、荒畑・宇都宮一年半、村木・百瀬・佐藤らが一年など十二名が有罪とされた。しばらくは千葉監獄からの獄中消息である。

＊谷君——谷鐘秀。ほかに栄福、馬宗豫とともに、大杉の中国人・エスペラント語講習の聴講生で、中国革命党のメンバー。三人は新宿・柏木に家を借りて寄宿舎とし、賄方を保子に頼んだ。大杉への恩義から保子の生計を助けたのである。
＊悟君の事件——赤旗事件で神田署に留置中、房内の壁に「一刀両断帝王首、落日光寒巴黎城」と落書きがあり、佐藤悟が犯人とされて、不敬罪で三年九ヵ月を科せられた。しかし、査問会の結果、真犯人は宇都宮卓爾と目された。

廃嫡の手続きをお願いします　大杉東＊宛　十一月十一日

いつもながら御無沙汰ばかりしていてまことに相済みません。

先きの電車事件が有罪となり、また新たに官吏抗拒事件（赤旗事件）というのが起って、目下私の在監中なのはすでに新聞紙や何かで御承知のことと思います。したがって定めて御心をなやましておいでのこととひそかにはなはだ恐縮しています。この上さらに御心配をかけるのもはなはだ相済みませんが、この際私に是非お願いしたい二つのことがあります。

その一は私の廃嫡のことです。父上の方でも私のようなものに父上の家を継がせるのは定めて不本意のことでしょう。また私の方でも、私の兄弟あるいは親戚たることによって、それらの人の身の上に何らかの禍いのあるようなことが起っては、私としてははなはだ相済まざる次第です。したがって、なるべく私の身を父上の一家より遠ざけておくのが、それらの人に対する私の義務かと思います。幸い菊（大杉の二番目の妹）の舅父は弁護士だとかいうように聞いていますが、そんな人にでも頼んで至急その法律上の手続きをして下さることをお願いします。これは先きに父上から堺までお話もあったことですし、別に御異存のあろうはずもないと思います。

もう一つのお願いというのは金のことです。はなはだ申上げにくいのですけれど、何とぞお聞き届けを願います。私、この一年ほど前からある学問の研究に着手しています。それはヨーロッパでもまだごく新しいので、日本の学者なぞはほとんど看過《みす》ごしている学問上の新天地と言うべきものです。すなわち生物学と人類学と社会学（社会主義とは異也）とのこの三新科学の相互の関係です。もしこれが十分に研究できれば、今日の人類社会に関する百般の学問は、ほとんどその根底から新面目を施さねばならぬこととなるのです。私の先きの小著『万物の同根一族』などはそのきわめて小なる部分です。

私はこの二年有余の長い獄中を、せめてはこの研究の完成によって慰められたいと思っています。もとより完成ということはむずかしいでしょうが、この在監中に少なくとも一大学を卒業する程度ぐらいまでは、容易に達し得らるるでしょう。しかしこの研究には大ぶ金がいります。まずこの間に百冊の本は読めるでしょうが、その価は決して三百円を下りますまい。そこで私の最後の無心として、父上にお願いします。もし私のような不孝児でもなお一片子として思うのお情けがありますならば、また私をして単純なる謀反人としてこの身を終らしめず、なお一学者としての名を成さしめんと思召《おぼしめ》すならば、何とぞこの三百円だけの金を恵んで下さい。もっとも一時でなくとも、本年と来年とに三度ほどに分けて下すっても宜《よろ》しいのです。

金と言えば例の電車事件の時の保証金、あれはなおしばらくの間お貸しを願います。実は請取書がなくとも返して貰うことができたので、私の入獄のものいりの際にほとんど費《つか》ってしまってあるのです。はなはだ申し訳もありませんけれど、何とぞお許しを願います。

私は獄中すこぶる健康でいます。留守居の保子は友人や同志の助けによってともかくもその日を暮して行けそうです。この二点は御安心を願います。

最後に御両親および諸兄弟の健康と祝福を祈ります。

父上様

保子に言う。この手紙を持って静岡へ行って、そしてなおいろいろ詳しい事情を足下から話して来てくれ。また、その詳しい事情というのを僕から足下に話したいから、この手紙の着き次第、至急面会に来てくれ。これはすでに典獄殿にも願ってある。

この手紙の公表は禁ずる。

たしか去年の今日は巣鴨を放免になった日だったね。

＊大杉東——一八六〇～一九〇九。父・東は陸軍士官学校を八三年（第六期）卒業。新発田十六連隊から日清・日露戦争に従軍。旅順・奉天の戦闘で負傷、少佐にて退役後、病死した。

生物学と人類学と社会学を　堀保子宛　十二月十九日

もうここの生活にもまったく慣れてしまった。実を白状すれば、来た初めには多少の懸念のないのでもなかった。ああこの食物、ああこの労働、ああこの規則、これではたして二ヵ年半の長日月を堪え得るであろうか、などと秋雨落日の夕、長大息をもらしたこともあった。面会のたびごとに「痩せましたね」と眉をひそめられるまでもなく、細りに細ってゆく頬のさびしさは感じていた。しかし月を経るに従ってこれらの憂慮も薄らいできた。そしてついに、今日ではそれがほとんどゼロに帰してしまったのみならず、さらに余計な余裕さえ出来てくるようになった。

それに刑期の長いということが妙に趣きを添える。今までのように二、三ヵ月の刑の時には、入獄の初めの日からただもう満期のことばかり考えている。退屈になると石盤を出して放免の日までの日数を数える。裏を通る上り下りの汽車の響きまでがいやに帰思を催させる。したがって始終気もせわしなく、また日の経つのもひどく遅く感ぜられた。しかし、こんどはそんなことは夢にも思わず、ただいかにしてこの間を過ごすべきかとのみ思い煩う。そして、これこれの本を読んで、これこれの研究をして、などと計画を立ててみると、どうしてももう半年か一年か余計にいなければとても満足な調べのできぬ勘定になる。さあ、こうなると落ちついたものだ。光陰も本当に矢のごとく過ぎ去ってしまう。長いと思った二年半ももう二年の内にはいった。ついでに言う、僕の満期は四十三年十一月二十七日だそうだ。

先日の面会の時に話した通り若宮に次のように言ってくれ。この二ヵ年間に生物学と人類学と社会学との大体を研究して、さらにその相互の関係を調べてみたい。ついては通信教授でもするつもりで、組織を立てて書物を選択して借してくれないか。毎月二冊平均として総計五十冊は読めよう、と。そしてもし承諾を得たら、第一回分として至急三、四冊借りて送ってくれ。

なお、そのかたわら、元来好きでそして怠っていた文学、ことに日本および支那の文学書を猟《あさ》りたい。この監獄は社会主義的の書物*は厳重に禁じているが、文学書に対してはすこぶる寛大な態度をとっているらしい。まず古いものから順次新しいものに進んで、ことに日本では徳川時代の俗文学に意を注いでみたい。これは別に書物を指定しないから、兄《けい》（保子の兄堀紫山）や守田などに相談して毎月二、三冊の割で何か送ってくれ。本箱の中に青い表紙の小さな汚ならしい本が五、六冊並べてある。その中のAvere（『吝嗇爺』）というのを送ってくれ。横文字の本は書名と語名とを書き添えることをわすれないように。

ドイツ語もようやく二、三日前にあの『スケッチブック』（アーヴィングの、独訳）を読み終った。たとえてみると、ちょうどおたまじゃくしに足が二本生えかかったぐらいの程度だろうか。来年の夏頃までには尾をつけたまま、陸《おか》をぴょんぴょんと跳び歩くようになりたい。そしてこの尾がとれたらこんどはロシア語を始めようと思う。少々欲張り過ぎるようだけれど、語学の二つ三つも覚えて帰らなければ、とてもこの腹いせができない。これとイタリア語とは二ヵ月に各々一冊ぐらい読む予定だから、先日話したものを大至急送った上、さらに二月の面会の時にまた何か持って来てくれ。あえてエンゲルスを気取る訳でもないが、年三十に到るまでには必ず十ヵ国をもって吃《ども》ってみたい希望だ。それまでにはまだ一度や二度の勉強の機会があるだろう。
仙境なればこそ、こんな太平楽も並べておれるが、世の中は師走ももう二十日まで迫ってきたのだね。諸君の歳晩苦貧のさま、目に見えるようだ。僕はこれから苦寒にはいって行く。うちの諸君およびその他の諸君によろしく。さよなら。

証拠品の旗三旒《りゅう》および竿二本を返すそうだから、控訴院検事局まで取りに行ってくれ。きょう上申書というのを出して、大杉保子が受取りに行くからと願っておいた。管野に、関谷に談判して書物をとりもどすよう頼んでくれ。

*社会主義的の書物——本の差入れは一ヵ月に三冊という規則だったが、要求して九冊まで認められた。陸軍上がりの看守部長が、日露戦争中に大杉の父の部下だった縁で、便宜を図ってくれた。最後には社会主義関係の書物も認められたが、それは求めなかった。

一九〇九・明治四十二年

『家庭雑誌』の再興に賛成　堀保子宛　二月一日

手紙見た。ちょうど四ヵ月目に懐かしい筆跡に接したので非常に嬉しかった。今日は雑誌の発刊についてということで臨時発信の許可を得た。よってこの返信を書く。

『家庭雑誌』の再興*も面白かろう。僕も賛成する。そこで大体の方針に関する僕の意見を述べてみよう。

まず第一に改題するがいい。いつかも議論のあったように『新婦人』などはどうかと思う。そしてその内容も、兄《けい》などの言うがごとくに、ただ没主義な卑俗なものにしてしまうよりは、やはりその名の実をとって新婦人主義《フエミニズム》を標榜して貰いたい。もっともこれも程度の問題だろうが、最初の『家庭雑誌』くらいのところかあるいはもう少し進んだくらいのところなら、別に差支えもなかろうじゃないか。そして従来の多少の革命的の部分を科学的に代えるのだね。まず売捌きの点から考えてもこの方が都合よかろう。今さらとても他のいわゆる婦人雑誌と競争のできるものでもなし、読者はやはり昔からのお馴染《なじみ》のほかに、主として同志の中に求めねばなるまい。

同志と言っても口でこそ大きなことも言え、その実際生活においてはみなこの『新婦人』以下のところに蠢《うごめ》いているのだ。それに今は、仲間の雑誌が何もないことと思う。したがって同志はよほど読物に餓えているに違いない。またこんな際に雑誌を出すものの義務は、多少なりとも同志間の連絡あるいは広告の機関に供するにあると思う。何だか事がむずかしくなるようだけれど、ちょっとした個人消息を載せるだけでもどれほどその助けになるか知れない。

編集人は兄の方で適当の人があるかも知れんが、こんな意味からもやはり守田に頼むのがよかろう。ちょうど婦人運動をやりたがってもいるのだし、自分のもののようにして骨折ってくれるに違いない。そして幽月などの新婦人連に大いに助力して貰うのだね。また、秋水にもこんどは是非、毎号筆を執って貰いたい。科学の話などはお得意のものだろう。

なお、いろいろ言いたいこともあるが、社会の事情もよくわからんし、また他に相談相手もあることだから、こんなところで止めておこう。そしてこの上の細かい点については会って打合せすることにしよう。この手紙の着き次第、さっそく来て貰いたい。

若宮に本を借りることのできないのは非常に失望した。こんどは山田*に相談してみてくれないか。少し専門が違うようだから「順序と組織を立てて」というようには行くまいが、多少あんな類《たぐい》のものを持っていよう。また、他の種類のものでもいい。ともかく、毎月何か二、三冊借りるように頼んでみてくれ。英文、『地球の生滅』二冊、および『植物の精神』一冊を堺家から借りて来てくれ。同時にエス文学を忘れないように。先月以来差入れのものはようやく四、五日前に手にはいった。こちらの郵送のものは着いたろうね。

諸君によろしく。さよなら。

＊『家庭雑誌』の再興——大杉の入獄後、休刊していた『家庭雑誌』を、保子は復刊し、一九〇九年四～六月号と発行するが、七月号（第四号）のとき出版法違反による二年間の発禁処分を受け、余儀なく廃刊となる。

＊山田——山田嘉吉（一八六五～一九三四）。北米に十七年、欧州・南米に七年滞在し、〇六年、幸徳と同船で帰国。独仏語にも通じ、社会学に造詣が深い。大杉も語学を教わった。

冷水摩擦と柔軟体操をやる　堀保子宛　二月十六日

かなりの恐怖をもって待ち構えていた冬も、案外に難なくまずまず通過した。もっともこの間には、一月十日過ぎの三、四日の雪の間のごとき、終日終夜、慄《ふる》え通しに慄えていたようなこともあったが、やがて綿入れを一枚増して貰ったのと、天候の回復したのとで、ようやく人心地に帰って、ついにかぜ一つ引かずにともかくも今日まで漕ぎつけて来た。

監獄で冬を送るのもこれで二度目だが、ここは市ヶ谷や巣鴨から見るとよほど暖かいようだ。それに、僕らの監房はちょうど真南向きに窓がついているので、日さえ照れば正午前二、三時間余りの間は、背を円くして日向ぼっこの快をとることができる。このために向う側の監房に較べて四、五度温度が高いのだそうだ。されば寒いと言っても大がい四十度内外のところを昇降しているぐらいのもので、零度以下に降ったのはただの一度、例の慄え通しに慄えていた時のみだと思う。

しかしこの温度も、いつかの手紙にあったように「ああ、炬燵《こたつ》の火も消えた、これで筆を擱《お》こう」などという、ぜい沢な目から見るのと少しわけが違う。足下らの国では火というもので寒さを凌《しの》ぐのかは知らんが、ここでは反対に水で暖をとっている。まず朝夕の二度、汲み置きの冷たい奴で、からだがポカポカするまでふく。そして三十分間柔軟体操をやる。その気持のよさは、とうてい足下輩の想像し得るところでない。折々鉄管が凍って一日水の出ないことがある。そんな時には、したがってこの冷水摩擦ができねば、手足が冷たくて朝起きても容易に仕事にとりかかれず、また夜、床にはいっても容易に眠られない。

しかし寒いのももうここ十日か二十日の間だ。やがて「ああ、窓外は春なり」*の時が来る。

先月の中旬に体重を量《はか》った。例のごとく大ぶ減っている。去年の五月の入監の時には十四貫五百五十目あったのが、九月にここへ移ってきて十三貫六百目に下り、さらにこんどは十二貫七百目に落ちた。もっともこの最後のには、二日の減食で二百目、四日の減食で六百目というような念入りの減り方もあったけれど、それは一ヵ月ばかり後にまったく回復していたはずだ。しかしこの降り坂も、もう大がいはここらでお止りのことと思う。

先日面会の時に言ったドイツ語の本は、あれで分ったか。一つは Ein Blick in die Zukunft というので、もう一つは Boetius, Die Tröftungen der Philosophie というのだ。

この次にはケナンの著シビリーン三冊（シベリア紀行）と、ルシツシェ・ゲフェングニツセと、およびツェルトレーベン・イン・シビリーンとの三冊を合本して送ってくれ。もしこれがなかったら、ハイネの作を全部。それから『吝嗇爺』の叢書の中にドイツ文学の仏訳のものがある。その中のゲーテとシルレルとの二人の作を全部取寄せるように、青年会館の前の三才社に注文してくれ。全部と言っても六、七冊くらいのものだと思う。

ビュルタンの中に何かイタリア語の本が見つかったか。もし無ければ、僕の本棚の中に黄色の表紙の『ル・ムーヴマン・ソシアリスト』という雑誌が十数冊ある。それにも新刊紹介があったはずだ。若宮からは貸してくれるか。

仏文の Corneille 全集一冊（鼠色の表紙）、Molière 全集三冊（合本して）および原書仏語辞書を送ってくれ。いずれも本箱の下の棚にあったと思う。

ドイツ文学史、英文学史（この二冊は日本文でも欧文でもよし）および支那文学史を、守田と安成に話して借りてくれ。毎度言うが、エス文のものを何か送ってくれ。もし千布*のところへ行くのがいやなら、家にあるKondukanto de l'inteparolado Kaj Korespondado（エス語会話）、La Fundo de L'mizero（悲惨の谷）、Vojago interne de mia cambro（室内旅行）等を送ってくれ。先日話したエスペランタユ・プロザゾエというのは分ったか。もしそれが見つからねば、ハムレットを入れてくれ。ノチア・レブオはその後送ってくるか。もし来ているなら、もう大ぶたまったと思う。それに『日本エスペラント』は相変らず出ているか。この二つを合本して入れてくれ。

家の解散*、雑誌の発刊、および小田原行きの三件はどうきまりがついたか。いずれも互いに関係のあることではあり、それに事情のよく分らぬ僕には何とも決答しかねる。せっかく都合よく行っているように見える今の家を解散するのも惜しいことだが、もしそうなるなら谷らにこれまでの厚意をよろしく謝してくれ。雑誌を出すか、小田原へ行くか、これは幸徳、安田、および兄《けい》などと相談していいように決めるがいい。

静岡（父の大杉東）からその後何とも言って来ないか。こちらからは、もう一度手紙を出してみたいと思う。前に言った三分の二でも二分の一でもいい、くれとは言わぬ借してくれ、と言ってやってみないか。もっとも、とても駄目だと思うなら、またいやならよしてもいい。少し金がないと本を買うに不便で困る。この困っている実情を述べて、「本当に子と思うなら」と、もう一度泣きついてみてくれ。

金といえば足下の経済事情はどうなっているのか。いつもいつも自分の勝手ばかり言ってはなはだ済まない。諸君によろしく。さよなら。

トルストイ、イプセン、および『太平記』、今日着いた。
＊「ああ、窓外は春なり」——ロシアのN・ヤロシェンコの絵。監獄の独房で椅子を踏み台にして窓の外を眺める囚人を描いた。大杉は、雑誌『日本人』の口絵からこの絵を切り抜いて額に入れ、書斎の壁に掛けていた。
＊千布——千布利雄。エスペラント領事館で大杉とともに副領事を務めた。大杉が創設したエスペラント学校の後事を託した人。
＊家の解散——官憲の中国革命党員に対する圧迫が強まって、保子が賄いをしていた宿舎の党員も帰国し、解散となる。

一生懸命に走り廻るがいい　堀保子宛　四月二十六日

いい陽気になった。運動に出て二、三十分間ポカポカと照る春の日に全身を浴せていると、やがて身も魂もトロトロに蕩《とろ》けてしまいそうな気持になる。
一、二週間前のことだった。この運動を終えて室《へや》に帰ってみると、どこからとも知れず、吹く風にさそわれて桜の花弁がただ一片舞いこんで来ている。赤煉瓦の高い塀を越えて遥か向うにわずかに霞の中にその梢を見せている松のひとむらと、空飛ぶ鳥のほかに、何ら生の面影を見ない囚われ人にとっては、それが何だか慰めのようなまたからかいのような一種妙な混り気の感じとなった。「ああ、窓外は春なり」のあの絵、あれを見て僕らのこの頃の生活を察してくれ。

しかし暖かくなって肉体の上の苦しみのなくなったのは何よりだ。そのせいか、体重も大ぶ増えた。一月から見るとちょうど四百目ほど増して十三貫八十目になった。十五日から着物も昼の仕事着だけ袷《あわせ》になった。

三月の手紙に『婦人文芸』として雑誌を出すとあったから、これはよほど編集を骨折らないとむずかしいわいとひそかに心配していたが、やはり前の通りの題(『家庭雑誌』)で出たのでまず安心した。僕は前に僕が話したようにするか、あるいは旧のままかと二様の考えを持っていたのだ。雑誌は不許になったので見ることはできぬが、編集は守田のお骨折のことなれば、不味《まず》かろうはずはあるまい。少なくとも以前に僕が、いやいやながらに怠け怠けてやっていたような蕪雑《ぶざつ》な粗漏のないことを信じて安心している。

広告はよくあれだけ取れたね。大いに感心している。自分の方の広告はいっさいしないのだから、初めから売捌けのよかろうはずはない。したがってその間は、この方面に全力を尽さなければなるまい。

ながらの年のお手並みだ。これだけでも経済の立って行かぬことはあるまい。ともかく、以前のように月に一、二度ちょっと歩き廻るぐらいのやり方をよして、一生懸命に走り廻るがいい。

売捌きの景気はどうだ。先日話した『平民新聞』の読者に端書を出すぐらいのことは是非やるがいい。もっとも、足下と守田との二人の連名で、責任ある購読勧誘状にしてもらいたいと思うが。それと幸い『二六』の人が大勢筆を執っているようだから、何とかして『二六』の読者に売りつける方法を考えないか。たとえば『読売』と『むらさき』との関係のように見せかけるとかして。このためには少々の金は出してもいいじゃないか。守田と兄《けい》とに相談して御覧。

また、先日話のあった家庭講演なども、もしできるなら面白かろうと思う。大いに広告になるに違いない。パンのためとあるからには、いろいろおかしなこともやってみるがいいさ。

女中のかわりに誰か相応の人をほしいというような話であったが、夏になれば例のごとく動けなくなる情けない体だ。そんな時にちょっとかわりに集金ぐらいに出かける人がなくてははなはだ不便なことだろう。そこでちょっと思い出したが、世民（吉川守邦）の細君はどうしているか。こんどは赤ん坊もあることなり、大いに困っているのじゃないか。もし何だと両方に好都合だと思うが、足下にその気があるなら、それとなく訪ねて行ってみないか。

『早稲田文学』は小説ばかりだからというので不許になった。こんどは『帝国文学』と『新天地』とを入れてみてくれ。もしできるなら一月頃からのが欲しい。

抱月の近代文学研究が出たら買ってくれ。文芸百科全書はいずれ高いものだろうと思うが、何とかして手にいれることはできないか。兄キなどは持っていていい本だと思うがね。三宅博士の『宇宙』、これも大ぶん高い本だからあえて買うには及ばないが、もし誰か持っていたら借りてくれ。

イタリア文でレスプブリカ（イタリア史）というのが本箱の中にある。たしか同じものが二冊あって、そしてそのいずれもこわれていて、二つ合せて初めて完全なものになるように思った。ちょっとした大きな本だ。差入れを乞う。

何か英語の雑誌で交換に送って来るものがあったら百瀬*に差入れてやってくれ。

いつかのエスペランタユ・プロザゾエ（エス語散文集）、ないはずはないのだが、あるいは表紙がとれているかも知れん。もう一度さがしてみてくれ。僕への書物の差入れは、ついでにでもなければ六月の面会の時までには必要ない。

諸君に仲よくするように。よろしく。

*百瀬――百瀬晋（一八九〇〜一九六四）。エスペランチスト。のちに売文社の社員になるが、堺らと見解を異にし、大杉の『平民新聞』、第二次『近代思想』に参加した。

ますます吃りは激しく　堀保子宛　六月十七日

ちょうど一年になる。早いと言えばずいぶん早くもあるが、また遅いと言えばずいぶん遅くもある。妙なものだ。

窓ガラスに映る痩せこけた土色の異形の姿を見ては、自分ながら多少驚かれもするが、さりとてどこと言ってからだに異状があるのでもない。一食一合七勺の飯を一粒も残さず平らげて、もう一杯欲しいなあと思っているくらいだ。要するに少しは衰弱もしたろうけれど、まず依然たる頑健児と言ってよかろう。

ただ月日の経つに従ってますます吃《ども》りの激しくなるのには閉口している。この頃ではほとんど半啞で、言いたいことも言えないから何事も大がいは黙って通す。これは入獄のたびに感ずるのだが、こんどはその間の長いだけそれだけその度もひどいようだ。不愉快不自由この上もない。

かくして一方では話す言葉は奪われたが、一方ではまた読む言葉を得た。ドイツ語もいつか譬《たと》えて言ったような、蛙が尾をはやしたまま飛んで歩く程度になった。シベリア《ジョルジ・ケナンの『シベリアにおける政治犯人』の独訳》ぐらいのものなら字引なしでともかくも読める。イタリア語は本がなかったのでろくに勉強もしなかったのだけれど、元来がフランス語とごく近い親類筋なので、一向骨も折れない。さて、こんどはいよいよロシア語を始めるのだが、これは大ぶ語脈も違うので少しは困難だろうとも思うが、来年の今頃までにキットものにして見せる。

いつかの手紙に近所に英語を教えるところができたから行こうと思うとあった。また先月の手紙にもまた○○へ行こうと思うとあった。思うのもいい。しかし本当に始めればなお結構だ。幸い若宮が近くに住むようになったから、頼んで先生になって貰うといい。語学の先生としてもまた他の学問の先生としても、○○よりはどれほどいいか知れない。ただとかく女は語学を茶の湯生花視するので困る。もしやるなら真面目に一生懸命にやるがいい。そして僕の出獄の頃にはひとかどのものにしておいてくれ。

先月の手紙で大体の様子はわかった。さすがに世の中は春だったのだね。しかも春風吹き荒《すさ》むという気味だったのだね《幽月と秋水との情事を指す》。おうらやましいわけだ。しかし困ったことになったものだ。と言っても、今さら何とも仕方があるまい。善悪の議論はいろいろあることだろうが、なるべく批難することだけは止めてくれ。汝らのうち罪なきものこれを打て。僕などはとうてい何人に向っても石を投ずるの権利はない。

そんな事情から足下は一人の後見を失い、またほとんど唯一の同性の友人を失ってしまった。今後は守田とか若宮とかの、よく世話をしてくれる人達に何事も相談して、周到な注意の下に行動するがいい。その上での出来事なら、たとえ僕の「将来の運動に関係」しても、また僕の「面目に係わ」っても、僕は甘んじてその責任を分ける。ただ女の浅はかな考えから軽はずみなことをしてくれるな。

幽月は告発*されているよし。こんどはとても遁れることはできまいと思うが、平生の私情はともかくとして、できるだけの同情は尽してくれ。

雑誌の売行きについては多少悲観もしていたが、先日の話によれば思ったほど悪くもなさそうなので大いに安心した。あんな小さい雑誌で、ともかくも一家が食って行けるとはありがたいことだ。しかしこれはみな編集者を始め大勢の寄書家諸君のお蔭《かげ》だ。そのつもりで、足下は一方に広告や売捌きに勉強して、それらの人々の労に報ゆるとともに、一方にはできるだけその雑誌の上で他の人々の便宜をはかる心掛けを持ってくれ。たとえば、仲間のものの商売の紹介をするとかあるいは広告をするとかして。

社名は兄キの意見通り保文社とかかえる方がよかろう。しかし出版は当分見合すがいい。そしてもしそんな金があったら、広告の方に費《つか》ったらよかろう。

次の書籍差入れを乞う。

ウォード著ソシオロジー（社会生理学）、ヘッケル著（人類史、原名は忘れた）以上英文。《監獄では、とかく社会学とか進化論とかいう名を嫌うので、この二冊の本は不許可になった。が、こうして同じ本を名を変えて入れて貰ったら、無事に通過した。千葉の役人は英語もろくに読めないので、本の表題を和訳して差入れたが、同じ本を幾度も名を変えては差入れして、結局は大がい無事に通過した。》ルソー著エミール（教育学、仏文）。Diversajoj（エス文集）。横田から大西、高山二博士の著書を、持っているだけ借りてくれ。横田の病気はどうか。よろしく。

安成に『早稲田文学』の一月号にあったモダーニズム・エンド・ローマンス（近代文学）の原書を、もし借りることができたら借りて貰うように頼んでくれ。前の手紙に言った文芸百科全書もこの一月号の広告に出ていたのだ。近代文学研究は二月号の雑誌の中に予告があった。どちらもまだ出版にならぬのか。

『帝国文学』の最近号を二、三冊合本して送ってくれ。たぶん差支えなかろうと思う。

数日前に書物の郵送を願ってある、その中の社会学教科書（前出ウォードと同一書）と人間進化論（前出ヘッケルと同一書）とは不許、『世界婦人』も勿論《もちろん》不許、石川によろしく礼を言ってくれ。『世界婦人』とも商売仇のような見っともないことはしないで、互いに広告の交換でもし合うがいい。かつて面会の時に頼んだ日本文学史は守田の本を指したのだが、外《ほか》の本が来ているようだ。これは至急送るように。吉川夫人のことは都合よく行ってよかった。子供のあるのは少しうるさくもあろうが、またその世話をしたりするのも面白いものだ。お互いに助け合って仲よく暮して行くがいい。諸君によろしく。暑くなる、足下も体を大事に。さよなら。

＊幽月は告発――幽月・管野すがは、秋水とともに『自由思想』を創刊し、編集兼発行人となったが、一、二号とも発禁、さらに頒布の罪で告発される。判決は合わせて六百四十円となる多額の罰金を科した。

八月といえば例の月だ　堀保子宛　八月七日

ことしは急に激しい暑さになったので、社会では病人死人はなはだ多いよし。ことに弱いからだの足下および病を抱く諸友人の身の上、心痛に堪えない。

まだ市ヶ谷にいた時、一日、堺と相語る機会を得て、数人の友人の名を挙げて、再び相見る時のなからんことを恐れた。はたして坂口は死んだ。そして今また、横田が死になんなんとしている。ただ意外なのは汪の死だ。あの肥え太った丈夫そうな男がね。横田には折々見舞いの手紙をやってくれ。彼は僕のもっともなつかしい友人だ。

八月といえば例の月だ。足下と僕とが初めて霊肉の交りを遂げた思い出多い月だ。足下のいわゆる「冷静なる」僕といえどもまた感慨深からざるを得ない。数うれば早や三年、しかもその最初の夏は巣鴨、二度目の夏は市ヶ谷、そして三度目の夏はここ千葉というように、いつも離れ離れになっていて、まだ一度もこの月のその日を相抱いて祝ったことがない。胸にあふれる感慨を語り合ったことすらない。

そしてこの悲惨な生活は、ただちに足下の容貌に現れて、年のほかに色あせ顔しわみ行くのを見る。しかし、これがはたして僕らにとってなげくべき不幸事であろうか。僕に愛誦の詩がある。ポーランドの詩人クラシンスキイの作、題して「婦人に寄す」という。

水晶の眼もて人の心を誘い、
徒《いたず》らの情《つれ》なさによりて人の心を悩ます。
君はまだ生の理想に遠い、
君はまだ婦人美を具《そな》えない。

紅の唇、無知のつつしみ、
今やその価《あたい》い、と低い。
君よ、処女《おとめ》たるを求めず、
ただこの処女より生い立て。

世のあらゆる悲哀を嘗《な》めて、
息の喘ぎ、病苦、あふるる涙、
その聖なる神性によりて後光を放ち、
蒼白のおもて永遠に輝く。

かくして君が大理石の額《ひたい》の上に、
悲哀の生涯の、
力の冠が織り出された時、
その時！　ああ君は美だ、理想だ！

雑誌の禁止は困ったことになったものだね。しかしこれもお上の御方針とあれば致し方がない。かくして生活の方法を奪われたことであれば、まず何よりも生活をできるだけ縮めることが必要だろう。家もたたんでしまうがいい。そして室借《へやがり》生活をやるがいい。何か新しい計画もあるようだが、これはよく守田や兄などにも相談してみるがいい。社会の事情の少しも分らん僕には、なんともお指図はできないが、要するに仕事の品のよしあしさえ選ばなければ、何かすることはあろうと思う。日に十一、二時間ずつ額にあぶらして下駄の鼻緒の芯を造って、そして月に七、八銭ずつの賞与金というのを貰っている人間の女房だ。何をしたって分不相応ということがあるものか。

せっかく持ってきたバイブルをあまりにすげなく突返してはなはだ済まなかった。実はイタリア語ので三度も読んであきあきしたのだ。もっとも、もし旧約の方があるのなら喜んで見る。しかし、これもあの文法を読んでしまってからのことだから急ぐには及ばぬ。それと同時に自然、辞書の必要も生ずるのだが、露和の小さなのがあると思う。お困りの際だろうが、何とかして買ってくれ。『帝国文学』は許可になった。本年末にいろいろ読み終えた本の郵送をする。

やがて二人出る。村木*はそうでもないようだが、百瀬は大ぶ痩せた。一度ぐらい大いに御馳走してやってくれ。来月末には巌穴〔赤羽巌穴〕が出る。その次は来年の正月の兇徒連*。人のことではあるがうれしい。

暑くるしいので筆をとるのが大儀至極だ。これで止す。さよなら。

*村木――村木源次郎（一八九〇～一九二五）。若くして社会主義運動に入り、のちには大杉の家に同居して世話係になるなど同志として強い絆で結ばれる。

*兇徒連――電車事件の兇徒聚集罪で、一年半を受刑した同志たち。岡千代彦、山口孤剣、吉川世民、樋口伝ら。

次の書籍差入れを乞う　堀保子宛　十月九日

先月はずいぶん手紙の来るのを待った。二十日過ぎにもなる。まだ来ない。不許にでもなったのだろう、とも思ってみたが、しかし来ないのは僕のところばかりでもないようだ。堺のところなぞもまだ来た様子が見えない。少し変だ。きっとこれは社会に何か異変があったのに違いない。あるいは愚堂の事件*からでも、飛んでもない嫌疑を蒙《こうむ》って、一同拘引というようなことになっているのじゃあるまいか。さあ、こう考えると、それからそれへといろいろな心配が湧いてくる。監獄にいるものの頭は、あたかも原始の未開人が天地自然の諸現象に対するがごとく、または暗中を物色しつつ行くもののそれに似ている。何か少しでも異常があれば、すぐに非常な恐怖をもってそれに対する。あとで考えると可笑《おか》しいようでもあるが、本当にどれほど心配したか知れない。

一日の面会で無事な足下の顔を見て初めて胸を撫で下ろした。こんどはなるべく注意して不許になるようなことは書かないようにしてくれ。何もそう無暗《むやみ》に長いものを書くにも及ばない。僕はただ足下がどんなにして毎日の日を暮しているか、それがよく分りさえすりゃ満足なのだ。

しかし足下も前の巣鴨の時と違って、こんどはいつも肥え太った、そしてあざやかな笑顔ばかり見せるので、僕は大いに安心している。あの頃から見ると足下も大ぶえらくなった。ただ人の助けを待つ、ということのかわりに、細いながらも自分の腕を働かせて行く。ずいぶん困ってもいるのだろうが、そうピイピイ泣言も言わない。一軒の家に一人ぼっちで住んでいる。これらはとても昔の足下にはできなかったことだ。僕は本当に感心している。もうざっと一年ばかりの辛棒《しんぼう》だ。まあ、しっかりやってくれ。

この手紙の着く頃はちょうど『議論』の出る予定の頃だと思うが、広告のとれ具合はどうか。雑誌の種類も前のとは大ぶ違うし、それにあまり広告に向くものでもなし、よほど困難なことと察せられる。ただ、今までのお得意にせびりつくのだね。十二月の面会の時にはぜひ雑誌を一部持って来て、せめては足下の働きぶりだけでも見せてくれ。

英語はやはり続けてやっているか。先生をかえたのは惜しいことをした。足下なぞは自分で勉強する方法を知らんのだから、よほど先生がしっかりしていないと駄目だ。ともかくも僕のロシア語と競争にしっかりやろうじゃないか。僕もあの文典だけは終った。来週から先日差入れの本にとりかかる。

幽月はいよいよ寒村*と断《た》って、公然秋水と一緒になったよし。僕はあの寒村のことだから煩悶をしなければいいがと心配していたが、案外平静なようなのでまずまず安心している。いつかも慰め顔にいろいろと問い尋ねる看守に、かえってフリイ・ラブ・セオリイなぞを説いて、こうなるのが当り前でしょうよと言ってカラカラと笑っていた。しかし例の爪は見てもゾッとするほどひどく嚙みへらされてしまった《寒村は爪を嚙む癖があった》。さていよいよ公然となれば、いわゆる旧思想《秋水らはこう呼んでいたそうだ》とかの人達はだまっている訳にも行くまい。いずれいろいろ喧《やかま》しいことと思う。しかし足下なぞはいつかも言った通りあまり立ち入らんようにするがいい。

横田は本当に可哀相なことをした。僕はあの男がついにその奇才を現すことなくして世を去ってしまったのがいかにも残念で堪らぬ。それに僕をもっともよく知っていたのは実に彼だった。僕は彼の訃を聞いて、あたかも僕の訃に接したような気がする。前の僕の手紙の文句は伝えてくれたことだろうね。

次の書籍差入れを乞う。

エス語散文集、ディヴェルサアショイ（エス語文集、前の手紙を見）、フンド・デル・ミゼロ、以上三冊合本。

日本文。金井延著、社会経済学。福田徳三著、経済学研究。文芸全書（早稲田から近刊のはず。）

英文。言語学、生理学（いずれも理化科学叢書の）、科学と革命（平民科学叢書の）、ワイニフンド・スティブン著、フランス小説家。

仏文。ラブリオラ著、唯物史観。ルボン著、群集心理学。

独文。ゾンバルト著、労働問題。菜食主義（ドクトル加藤所有。これは長々の実行で実は少々心細くなったから、せめてはその理論だけでも聞いて満足していたい。ドクトルにそう言って借りてくれ。）

露文。トルストイ作、民話（英訳と合本して。）

＊愚童の事件——箱根・林泉寺の住職、内山愚童が「赤旗事件・入獄紀念」と銘打った小冊子『無政府共産』の秘密出版や、ダイナマイト所持で逮捕された事件。のちに大逆事件とされる。

＊寒村——荒畑寒村（一八八七〜一九八一）。「煩悶」とは、恋愛の相手であった幽月・管野すがが、入獄中に幸徳と一緒になったことへのわだかまり。大杉とは平民社以来の盟友で、出獄後、二人で『近代思想』、次いで『平民新聞』を発行する。が、この後、感情的にもつれ、思想的にも懸隔を生じる。第一次共産党結成に参加、のち労農派。戦後、社会党代議士など。七六年、大杉の墓誌建立に際し撰文。「……惜しむべし雄志逸材むなしく中道に潰す」と。

父の死！　僕の責任を尽さねば　大杉伸《のぶる》宛　十一月二十四日

父の死！　事のあまりに突然なので、僕は悲しみの感よりはむしろ驚きの感に先だたれた。したがって、涙にくるると言うよりはむしろ、ただ茫然自失という体であった。すると、この知らせのあった翌日、君が面会に来た。そして家のあと始末を万事まかせるとの委任状をくれと言う。僕は承知した。

しかしあれは取消す。そして次のように考えを変えた。まず保子にある条件を委任して三保に行って貰い、調べることは調べ、処理すべきことはみんなと相談して処理すること。またその後の話によれば訴訟事件《父と父の関係していたある会社との》もあるとのことだから、別に僕の知人の弁護士にある条件を委任して保子と一緒に三保へ行って貰うこと。なおその外《ほか》には種々なる法律上の問題もあろう。それらについては万事この弁護士を顧問とするがいい。この人は従来しばしば僕らが世話になった人で、こんども多忙のところを、友誼上いろいろと引受けてくれることとなったのだ。そのつもりで相応の尊敬を払って相談するがいい。

保子はともかく僕の妻だ。僕の意見は大体話してもあり、また手紙で書き送ってもある。したがってその言うことは大体僕の言葉と承知して貰いたい。君はまだ親しくもない間柄ではあるが、僕よりは年上のことでもあり、世路の種々の艱難も経て来てい、ある点ではかえって僕よりも確かなところがある。保子とはいろいろよく打ちあけて話し合うがいい。

要するに、家の整理はこの二人を僕と見て、そして、猪伯父《いのこ》(たぶん今三保にいるのだろうと思う。もしいなければ除く)、母《その二、三年前に来た継母》および君の五人で相談してきめることにしたい。

僕は元来まったく家を棄てたものだ。かつて最初の入獄の時、東京監獄からそのことを父に書き送ったことがある。父は君にもそれを見せたと思う。しかし僕が家を棄てたのは、それで長男たる責任をまったく抛《なげう》ったのではない。父の生きている間は父に相応の収入もあり、またその他のすべての点においても、僕がいなくとも事がすむと思ったからだ。用のない家庭の累からまったく僕の身を解放して、そして他に大いに有用な義務を尽そうと思ったからだ。されば家を出てからは、ほとんどまったく弟妹をも顧みず、また父にも僕の廃摘を願っておいた。僕はこれに対して父や弟妹らがどんなに悲しく情けなく思っていたか、それはよく知っている。しかし時には自ら泣きながらもなおあえてこの行為を続けていた。

しかし父が死んでみれば、僕はそうしてはいられない。僕の責任を尽さねばならぬ。今は僕がやらなければやる人がない。もとより僕の思想は棄てることはできぬ。僕は依然としてやはり社会主義者だ。むしろ獄中の生活は僕の思想をますます激しくする傾きがある。ただもとの僕はほとんど一人身のからだであったが、今からの僕は大勢の兄弟を後ろに控えたからだ。したがってその間に僕の行動に多少の差がなければならぬ。僕は勿論《もちろん》この覚悟をしている。この点はよく察して貰いたい。

僕はまだ母とは親子として対面したことがない。また手紙での交通もしたことがない。そしてお互い間にはいろいろ誤解がわだかまっているようだ。しかし僕は、母は母として尊敬する。ことに父の死後はなおさらに謹みを深くする。君もこんどは保子が中にはいることでもあり、十分お互いの融和を謀《はか》るがいい。

それから、君が今勉めなければならぬ最大の責務は、幼弟幼妹らに対して十分の慰めと励みとを与えることだ。父は死ぬ、頼みとする僕は牢屋にいる。みんなはほとんど絶望の淵にいるに違いない。君以下の弟妹らの今後の方針については保子に詳しく書き送ってある。なお、君の希望も十分保子に話してくれ。

この手紙は伯父が三保にいるなら見せてくれ。また、母にも、もし君に差支えがないなら、見せてくれ。

注　父の死後の始末について、獄中から長男としての責任を果たすとして、意見を記し、すぐ下の弟・伸に託した手紙。この後も妻・保子宛に弟妹や家の処置について委曲を尽くして指示をしている。

社会運動の表面から退いても　堀保子宛　十一月二十四日

一昨々日大体の話はしたが、時間の都合やまた口の不自由なところから、十分の話もできず、言い落したこともあり、また言い切れないこともあった。この手紙で再び詳しき僕の意見を言おう。

まず第一の問題は母だ。弟（大杉伸）は出すと言っている。また弟の言によれば母自身も出る意があるとのことだ。母から足下に送った手紙には、あくまで止《とど》まって家のために尽すとあるそうだ。僕の思うには、出すというのは勿論《もちろん》酷だ。しかし、出る意があるなら勿論出て貰いたい。また、あくまで止るという母の言も文字そのままに受取ることはできぬ。母としては面目上必ずそう言わねばならぬ位置にある。そこで足下は女同士でもあり、互いに話もしいいと思う。よく母と打ちあけて談合してみるがいい。したがって、案は、母が出るものとしてのそれと、止るものとしてのそれと二つになる。

次に起るのは財産の問題だ。財産と言ってまずめぼしきものは昨日話した通りだ。もし母が出るとすれば、あの中の保険金は母の持参金としてもどさねばならぬ。その上、母の将来の生活の幾分かの保証として、多少これに付加するところなければならぬ。それは年金のうち三百円ないし五百円ぐらいでよかろうと思う。そのかわり、いま母の名義になっている地所は置いて行って貰いたい。家と土地と持主が違ってはいろいろ不便でもあり、また母の持参金を返すとすれば、自然その地所を母の名とする理由も消えるわけだ。されば母の方から言えば、その地所をこの手切れとも言うべき三百円で売るということになるだろう。

僕はその土地の広さは知らぬが、高の知れたものと思う。しかし、もし今訴訟になっている金が取れるようなら、五百円ぐらいは出して当然かと思う。年金の外《ほか》、この十二月には父の恩給の半年分が下ると思う。他は足下が行ってよく調べて貰いたい。

その次は子供の問題*だ。母が出るとしても、体裁上今すぐというわけにも行くまい。僕は子供の都合上、来年三月の下旬あるいは四月上旬をもってその期としたい。その時はちょうど学年の終りあるいは始めの時だ。そして、子供はみな東京に集めて、足下にその世話を頼みたい。またもし母が止るとしても、三保の家は引上げて、東京で僕の家の近所に住んで貰いたい。したがってあの家および土地は売払わねばならぬ。

その後は子供の教育だが、僕はできるならすべてのものに高等教育を施したい。伸も今のままで置くことはできぬ。どこかその希望する専門学校にやるか、あるいは今切に望んでいる米国行きを実行さすか、いずれかにしたい。勇《いさむ》(大杉の二番目の弟)も今の学校を終ってすぐ社会に出すことはできぬ。さらに高等教育を施したい。松枝(大杉の三番目の妹)はともかくも女学校を終らせて嫁にやらねばならぬ。僕はこの三人の費用のために鉄工場の金および家と土地を売払った金の全部をもって当てたい。

進(大杉の三番目の弟)も今のような時代遅れのことはさせておきたくない。それと他の幼妹二人の当分の教育のためには扶助料をもって当てたい。もし工場の金が取れるようなら、倹約すればこれでやれぬことはなかろうと思う。

しかし大勢のことだ、案外に金の掛ることもあるだろう。もとより不足は僕が負担せねばならぬ。もしやむを得なければ、僕は当分社会運動の表面から退いてもなさねばならぬことはする。足下は元来社会主義者というわけではない。ただ義兄および夫に付随してその運動に加わっていたというに過ぎぬ。もし子供の世話をするとなれば、運動のごときいろいろな累を及ぼすことは避けて貰いたい。

以上は僕が家の処分をするとしての大体の考えだが、さらにここに考えねばならぬことがある。それは僕の身の上だ。元来僕は自ら家を去ったものだ。そして父からはまったく勘当同様の待遇を受けていたものだ。したがって親戚全体からもはなはだ不信用だ。されば今、こんな問題に対しては遠慮に遠慮を重ねて行動するのが至当であろうと思う。

まず前述のごとくにして得べき金、これを僕の手に渡すのは誰もみな不賛成だろう。僕自身もまたはなはだ危険に感ずる。僕はもとより家の金を一厘たりとも僕自身の用のために費《つか》いたくない。それで金はすべて山田家*に保管を頼みたい。

また、母が止ることとなれば、母はすべての私有権を放棄して、そして同じくこれを山田家に保管させたい。母が家のために尽すと言いながらなおその財産の幾部分かの私有権を主張するのはすこぶる可笑《おか》しなことになる。しかし、それでは母として将来の身を不安心に思うかも知れぬ。もしからば、その最初の持参金だけは、将来不幸にして離縁というようなことになれば返す、との証文を渡しておいてもよかろう。もっとも、これには他の条件も付せねばならぬが。

また、子供の教育をも僕らに委《まか》せられぬとの議論もあるかも知れぬ。この任は、他に相応の人があるならお譲りしてもいい。

さらに進んで大杉家を僕に継がすこともできぬと言う人もあるかも知れぬ。さればこれも、誰にでもお譲りする。ただ一条件がある。それは前述のごとき家の整理、子供の教育方針などの判然きまった後でなければならぬことだ。この安心のできぬ間は、僕は決して動かない。

まずこれで大体の話はすんだようだ。足下はこの手紙を持って山田へ行ってこの相談をして貰いたい。山田はその意見を猪伯父あるいは伸の許《もと》に書き送って貰いたい。同時に足下は静岡へ行って、一方伯父および伸と謀るとともに、一方母との交渉をして貰いたい。

かくしておよその話のきまった上で、伯父、母、伸、足下らが集って、判然たる処置をきめて貰いたい。山田は先妻の親戚としてこの相談に直接に与《あずか》ることを憚《はばか》るだろうが、右言うようなことなら勿論《もちろん》承知するだろう。また、山田からは別に紀州へも報告を送って大山田の意見をも猪伯父あるいは伸に送って貰えばさらにいい。足下はまた、春(大杉の一番上の妹)および菊(大杉の二番目の妹)の許《もと》に詳細の報告をして貰いたい。横浜にいる松枝にも会っていろいろ話してみるがいい。

別紙弟への手紙も山田に見せてくれ。この手紙は伯父および伸には見せていい。また、必要があるなら母にも見せていい。渡辺弁護士には両方とも見せてくれ。

万一これで話がまとまらぬなら致し方がない。ともかくも新戸主としてのすべての僕の権利を遂行して、一方財産の離散を防いでおいて、さらに僕の命をまって貰いたい。

来月の僕の手紙は足下から何とか報知のあるまで延《のば》しておく。きのうようやく印鑑が来たという話があった。いま印鑑届および委任状を書くことのお願いをするはずだ。さればたぶん本月中には足下の許に着くだろう。母にも別に手紙を出すといいのだけれど、いろいろ誤解のある間でもあり面倒だから止《よ》す。足下からよろしく言ってくれ。

*子供の問題――義母は家を出て行き、弟妹の養育は保子が引き受けることになる。松枝(十六歳)、

勇（十五歳）、進（十二歳）、秋（十一歳）、あやめ（九歳）の五人。大杉の出獄後も同居し、全員の処遇が決まるのは四年後である。

＊山田家――大杉の従兄・良之助。陸軍将校（のちに憲兵司令官、京都師団長）で東京・四谷に居住。父親保永は大杉の母・豊《とよ》の姉である栄《えい》の夫。陸軍予備中将で和歌山に居住。

僕が戸主になる届け　堀保子宛　十一月二十四日

先日話した外《ほか》、なお偕行社（陸軍軍人の親睦団体）および、助愛社（愛知県出身軍人の会）から多少の金の来るように聞いた。もっとも、これは戦時の話で、戦時に限るのかも知れぬが。前者は山田に尋ねたらわかる。後者は三保の家にその規則を書いた小冊子がある。

父が死ねば自然僕が戸主となって、役場へはその書換えの届けをするはずだと思うが、また父の葬式や何かにもすでにその必要があったのだと思うが、どうなっているのだろう。もしそとでできるのならやっておいてくれ。また、僕の寄留地などもこの際きめておいたら都合がよかろう。

処置に関して僕の意見を言う　堀保子宛　十二月二十三日

まだ三保にいるのかと思うが、ともかくも大久保に宛ててこの手紙を出す。表に至急としてあるから、いずれにしても至急足下の手にとどくだろう。

弁護士からの手紙着いた。いろいろ面倒であったそうだが、母が出てくれることになったのは何よりもありがたい。ついては、さっそくとらねばならぬ処置に関して僕の意見を言おう。

前に、もし母が出るとなれば来年の三、四月の頃をもってその期としたいと書き送ったが、こんどの母の態度を見ては、この上なお一日といえども子供を委《まか》しておくことはできない。すぐさま足下がかわって家政をとり、子供らをみんな引連れて、もしできるならこの暮れ中に東京に引上げたらどうか。

伸は当分いまの地位で辛棒《しんぼう》せねばなるまい。将来についてはどんな希望をもっているのか知らぬが、この休み中は東京で一緒に暮すこととして、その間に若宮などに会わせて、よく相談さすがいい。もっとも、やがて徴兵適齢にもなるのだから、愚図愚図してもいられまい。その希望についてはは詳しく知らしてくれ。

松枝は横浜のどんな学校にいるのか知らぬが、東京の相応の学校に転校したらよかろう。伸の話では、教会で教育してくれると言っていたが、これもよしあしであるが、もしそんな運びになるなら当分それでもよかろう。いずれにしてもこの休み中は東京で一緒に暮して、みなとよく相談するがいい。僕は久しく会わぬが、もう十七、八のいい娘盛りだと思う。したがって自分でも何らかの考えもあり望みもあるだろう。それらも詳しく知らしてくれ。

勇は下宿から家に越して来て、家から今の学校に通ったらよかろう。僕はその学校の性質をよく知らぬから、こんどその規則書を手紙の中に入れて送ってくれ。また、勇の今後の希望などを知らしてくれ。これはちょっと思い浮かんだ考えではあるが、来年学校を卒業したら、伸とともにアメリカへ行ったらどうかと思う。若宮などと相談してみよ。

進はどんな条件でどんな状態で今のところにいるか知らぬが、この際家に引取るがいいと思う。他の幼い二人（大杉の妹、秋とあやめ）については、伸が何とか言うていたが、これも山田とかその他の肉親のもので世話するというならともかく、やはり家で育て上げようじゃないか。

しかし、いずれにしてもまず金がいる。弁護士からの手紙で見れば、借金の外《ほか》には目下何らの金もないようだ。ただ望月からは半額に減じてすぐ取れるように書いてある。しからばまずこれでいろいろ処分をせねばなるまい。葬式の費用というのは幾らか知らぬが、これと他の四百円という借金を払い済まして、なお東京へ引上げる費用が残ってくれればいいが、もし不足するようなら、紀州の山田（山田保永）から借りるがいい。また、今後の生活費も来年の六月にならねばはいって来ないわけだが、その間はいるだけを同じく山田から借りねばなるまい。これは四谷の山田（山田良之介）を通じてよく相談するがよかろう。

家屋はできるだけの手を尽して、なるべく早く売払うことにしたいが、なかなかそう思うようにも行くまい。やむを得なければ、その間は貸別荘というようなことにしてもよかろう。引上げ後の留守居については、いいようにしてくれ。

しかし、何と言ってもこの金ができなければ、伸、勇らの今後の進退ができない。またこれができれば別に山田から借金をしなくてもいいわけになる。なるべく早く売るように。

また、父の軍服、刀剣、馬具等は、マントのごとき子供らに利用し得るものの外は、悉皆《しっかい》売払ったらよかろう。これはちょっとした金になると思う。売りかたについては山田に相談するがいい。その他のガラクタ物は、みな売るなり人にやるなり、また棄てるなりして、なるべく例の簡易生活法をとるがいい。

東京の家は今のあたりでもよし、また都合によっては市中にはいってもよかろう。足下は弱い体でもあり、他に仕事もあり、また勉強もせねばならぬ身であれば、ぜひ女中の一人は置かねばなるまい。よし松枝が来て手伝うとしても、いろいろ面倒なことの生ずるのを避けるため、少しぐらいの費《つい》えはあってもその方がよかろう。

父は着物などには一向無頓着な人であり、また母はあんな人でもあれば、ずいぶんみんな不自由がちにいることと思う。大きな男の子には父のものがそのまま役に立つのもあろう。また、できるなら小さい子供らにも、この正月にさっぱりしたなりをさせてくれ。そして正月には餅でもウンと食わして、急に孤児になったというようなさびしい感じを起させないように、陽気に面白く遊ばしてくれ。

なお、みんなは幼い時から母に別れて、いろいろな人の手に渡って育てられているのだから、ずいぶんいじけたり固くなったりして、本当に子供らしい無邪気な可愛気のない子もあるかも知れぬ。これらは、足下の暖かい情ですべて溶けてしまうように骨折ってくれ。

足下の前の手紙に、一人で呑気にというような具合には行かぬものだろうかとあったが、本当に思わぬことからついにそういうこととなってしまった。足下はどうしても苦労をして一生を過ごさねばならぬ運命の人らしい。しかし人生には苦もあれば楽もある。またその苦の中にも楽がある。いかなる境遇にあっても、常にこの楽を現実としてまた理想として暮して行かねばならぬ。幸い僕らには子がない。また今後もあるまい。さればこの幼弟幼妹らを真の子として楽しんで育て上げて行こうじゃないか。足下には急に大勢の子持になってずいぶんと骨も折れようが、何分よろしく頼む。

本月は面会にも来れまいが、来月は松枝でも連れていろいろの報告をもたらして来てくれ。その時、左の本持参を乞う。

仏文。経済学序論。宗教と哲学。

英文。イリー著、経済学概論。モルガン著、古代史。個人の進歩と社会の進歩。ロシア史。

一九一〇・明治四十三年

出獄後重荷に処する策　堀保子宛　一月二十五日

せっかく来たものを、しかもあんな用なのを、会わしてもよさそうなものをと思うけれど、お上のなさることは致し方がない。代りに臨時発信を願って今日この手紙を書く。

あの時まだ着かないという委任状はその後どうなったろう。あれはこういう訳なのだ。先月の二十七日であったか八日であったか、書信係の看守が来て、典獄宛でこういうものが来ているがどうするかと言う。見るとあの一葉の委任状だ。しかし封筒も何もないので、誰が何処《どこ》から送ってきたのか分らない。それを聞くと、それを調べるには、明日になれば発信はできぬかも知れぬと言う。仕方がない。いずれ送ったものは足下に違いない。ただ足下の居所が分らない。しかしすぐまた三保へ行くとも言っていたし、またあの字を見るといかにもよく僕のをまねてはいるが伸の書いたもののようだ。そこで三保へ宛てることとした。そして足下の名だけでは分るまいと思って、伸の名をも添えておいた。別に間違いはなかったろうね。

家のことは、僕がいろいろな事情があるのだからぜひ会わしてくれと、少々理屈を言いかけたら、ついに僕の返事を聞かないで行ってしまったから、看守長は足下に何と言ったか知らんが、ともかく売ることにきめてあるのだし、それに委任状にも印を押しておいたから、いいように取りはからったことと思う。いい買手があったのか。

家が売れたとなれば、これで遺産の大体の処分はついた。これからは僕らが、六人の弟妹という重荷を負って行くこととなる。僕らと言ったが、実はすべてのことの衝に当るのは僕でなくして足下だ。したがって、実際に重荷を負うのは足下だ。僕は、もし霊とかいうものがあって亡き父がこれを見たら何と思うだろうかなどと考えてみた。しかし父のためではない。僕のためだ。僕は、足下がこの運命に甘んじていることと思う。

それは別問題として、この重荷を実際に負う足下としては、またいろいろ将来の細かいことを心配する女性の足下としては、ずいぶん心配なことと思う。僕もいろいろ考えてみた。目下僕が出獄後これに処する策は、大体次のような次第になる。

まず出版をやってみたい。これは足下もかねて望んでいるところだ。しかし、僕はこれを商売としてよりは、むしろ社会教育の一事業としてごく堅く真面目にやりたい。あるいはその方がかえって商売になるかも知れん。若宮の雑誌（『時代の批評』）を機関としてもよし、また別に何か出してもいい。

第二に、出版は今言うがごとく純商売でないとすれば、何か別に生活の道がなければならぬ。これには出版と直接関係のある本屋をやるのも面白いと思う。いつかもこんな計画はあった。

しかし僕は、僕の今までの成行として、これもかつて計画はあった、支那の先生達の世話をするのがもっとも確実な、もっとも安全な、もっとも容易なことではないかと思う。すでに十分の信用はある、十分の同情はある、さらに僕も語学や何かを教えるという実利を加えれば、ほとんど申し分がない。少ししっかりした女中が居れば、足下にもさほど骨の折ることでもない。もしできるなら、僕の出獄後、すぐにこの業を少し大仕掛けにしてやってみたい。また、出版の方も、多少支那と関係のあるものをやってみたいと思う。

以上は足下を主とし、僕を客としての仕事だ。

僕は、前に言った雑誌が出せるなら、まずこの編集をやりたい。雑誌は『研究』（『社会主義研究』）くらいの大きさで、科学と文芸とを兼ねた高等雑誌にしたい。世の中は大ぶ真面目になってきた。真の知識、真の趣味の要求が、はなはだ盛んになっている。僕らが、実際の思想よりも数歩引き下がれば、ちょうどこの要求にもっともよく応ずるものになる。文学も多少僕らの時代に近づいてきた。僕らの思想なり僕らの筆致なりにシックリ合うアナトール・フランスなどいう連中が、大分もてはやされて来た。もし雑誌が出せぬとしても、僕はこの方面において大いに僕の語学力を発揮して、×××としての以外に旗上げをするつもりだ。

その他、何でもやれることはやる。そして二、三年間には、何とか家の基礎をつくりたい。僕のミリタリ・サーヴィスも、出獄後なお三年は延ばせる。

次は弟らの学校の選択だ。

伸は語学校へとの望みのようだが、何科をやるつもりなのだろう。僕の思うには、語学校の卒業生は別に何かの才学のあるものの外《ほか》は、実際において教師あるいは通訳の外《ほか》にはほとんど役に立たぬ。もし語学に趣味があるようなら、早稲田の英文科でもやったらどうだろう。もっとも、必ずしも語学校は悪いと言うのではない。いずれにしても入学期は四月だ。急いでその準備をさすがいい。松枝は三月まで今の学校にいて、四月には東京の何処《どこ》かに転校して、そしていろいろ足下の手伝いをさせたい。

勇の学校の規則書を見ないので程度がよく分らんが、僕は次のように思う。この四月あるいは九月に、何処《どこ》かの中学の三年か四年に入れたい。神田の正則《せいそく》予備校を始めその用意をする学校はいくらもある。また、各中学では、毎学期に盛んに募集をやる。そして中学校を終えて高等工業へでもはいる予定でいるがいい。もっとも中学へはいるよりは、他の多少専門的の同程度の学校の方が都合よければ、それでもいい。自分でよく調べてみるがいい。また、他に相談する人もあろう。

進は、もう中学校にはいってもいい頃と思う。近くもあり、また比較的整ってもいる早稲田がよかろう。

ともかく、みんなにできるだけ望みの専門学校をやらすつもりだから、よく勉強するように言ってくれ。

松枝と勇との手紙は見た。この項はそれぞれ読んできかすなり、また見せるなりしてくれ。

いつか話のあったように、もし兄が誰か世話してくれるというなら、一つ伸を頼んでみないか。これならもう三、四年学校へやればモノになるのだし、中学も一番か二番で卒業しているのだから、相応のことはやると思う。もっとも、全部の世話でなくとも多少でもいいが。実際、六人の世話はとても僕らにはできない。またもし銀之丞から何とか言ってきたら、誰でもいい一人頼むことにしたい。あれはごく正直な、そしてかなり裕福ないい農夫だ。これらのことはなお僕の出獄後いろいろ取計らうつもりだ。

まず大体の結末はついた。ついては、一応の始末を、主なる親族に報告せねばなるまい。うるさい親類交際もいやだが、ともかく義務だけは果しておこう。母の処分、遺産の処分、現在の生活、近き将来の生活（すなわち伸や松枝のこと）の大体を書いて、以後は僕ら二人で引受ける、安心してくれ、なお僕らの手のとどかぬところは有形無形のお助けを乞う、というようなことにして、足下と伸との連名で出してくれ。東京では、山田、茂生。名古屋付近では猪、銀之丞、中村、中根、小塩および名をちょっと忘れたが何とかいう弁護士。和歌山付近では山田、楠井、津村。および春と菊。なお山田(東京)には米川へ、茂生には浅草の何とかいう家へ、猪へは他の名古屋付近の親類へ、それぞれよろしくと添えてくれ。

また、いろいろ世話になった人達へは、僕からよろしくと言って礼状を出してくれ。なお、伸に、仙台や新発田で父がごく親しくしていた人達に大体のことを書いて安心するようにと言ってやるよう、伝えてくれ。

郵便の本は着いたか。差入れのものは来た。来月は早く面会に来い。

ドイツ文の本を何か頼む。『ストリー・オブ・ザ・ヒューマン・マシン』(機械的心理学)、『帝国文学』の合本、『現代評論』の合本を差入れ願う。

この手紙にも書いた僕の出獄後のことは、いろいろうるさいから誰にも話しせずに、足下一人でその無形的の準備をしておいてくれ。僕の準備としては、フランスへ少し本を注文したいが、五十円ばかり都合できないか。

弟妹の処置について　堀保子宛　二月二十四日

僕らの室《へや》の窓の南向きなこと、およびそれがために毎日二時間ばかり日向ぼっこができることなどは、いつか話したように思う。

こうした日向ぼっこをしながら仕事をしていると、何だか黒いものが天井から落ちてくる。見ると蝿だ。老《おい》の身をようように天井の梁裏に支えていたが、ついに手足が利かなくなって、この始末になったのだ。落ちて来たまま仰向きになって、羽ばたきもできずに、ただわずかに手足を慄《ふる》わしている。指先でそっとつまんで日向の暖かいところへ出してくると、一、二分してようやく歩き出すようになるが、ついに飛ぶことはできない。よろばいながら壁を昇っては落ち、昇っては落ちしている。

これは十二月から一月にかけて毎日のように見る悲劇だ。毎朝の室の掃除には必ず二、三疋の屍骸を掃き出す。

横田が茅ヶ崎あたりにゴロゴロしていたのも、また金子がわざわざ日本まで帰って箱根あたりをぶらついていたのも、要するにこの日向へつまみ出して貰っていたのだなどと思う。若宮もとうとうこの日向ぼっこ連にはいったのか。十年の苦学をついに何らなすことなくして、肺病の魔の手にささげてしまうのか。こんど出たら彼の指導の下におおいにソシオロジイの研究をしようと思っていたが、あるいはその時にはもうこの良師友に接することもできぬかも知れんのか。まず何よりも摂生を願う。足下もできるだけの手を尽して看護なり何なり努めてくれ。ただ横田のかわりに僕は寒村を得た。彼は目今、失意の境にある。よく慰めてやってくれ。

きのうの面会の時には、足下が何となく元気のないように見えたが、どこかからだが悪いのか。あるいはいろいろ奔走に疲れたのか。それとも種々たる重荷に弱り果てたのか。

僕は、足下のこんどの処置については少しの不足もない。むしろ心中大いに感謝している。本当によくやってくれた。もし足下がいなかったらどうなったのだろうと思う。

会うたびに予算の金額が減ってくるので、したがって家政のこともかえなければならんが、子供らの処置についてなお一言しよう。

伸を下宿生活さすのはずいぶん不経済だが、若宮のところへ仲間入りをさせてもらうことはできんか。あるいは兄《けい》のところなり山田のところなり、食料付で置いてもらうことはできんか。来年試験を受けるとしても、はたして及第するか否かは分らんのだから、この四月には早稲田へでもはいったらどうだろう。それができなければ、兄とでも相談して何か手軽な職業をさがしてやってくれ。

僕はずいぶんながい間会わんので、彼の性行については何とも言えぬが、足下と彼との間にはまだ何となく意志の疎通がないように思う。従来、足下は彼については、母からの悪口のみを聞いている。彼もまた同様のことと思う。僕は初めからこの間を心配していた。なお、お互いによく努めてくれ。僕は、たとえ彼が如何様《いかよう》であっても、僕のできるだけのことは尽してやる考えでいる。また彼としてはこの際、自ら進んで他の弟妹らの世話のやけないように努めるのがその務めだと思う。これらのことは渡辺弁護士をでも通じて、彼に理解させておいてくれ。

もし春が誰か一人引受けるとなれば、松枝よりは菖蒲《あやめ》でも頼んだらどうだろう。松枝は僕らの手ででもいくらでも嫁に行先はある。

勇は工場へでも出るというなら、家で食わして、その得る金はすべて本人の自由にさせたらどうだろう。それで勉強もできよう。また、ためる気ならそれもできよう。その上、僕らはなおできるだけの力を尽してその望みを果させてやろう。

進はまだ静岡にいるのか。これは早くきまりをつけてやってくれ。

僕ら夫婦は元来、親類間に非常な不信用であった。したがって僕は、親類に本当に親切気があるなら、こんどなどは盛んな干渉のあることと思っていた。干渉のあるくらいなら僕らの我を棄てて、それらの人に多少のことは委《まか》してもいいと思っていた。事は違った。もし今になって、自分に責任のかからぬ範囲において何らかの干渉を試みるものがあっても、もうそれらの人の言はあまり重きを置くに及ばない。ことに遣《つか》った金と言ってもいくらもあるではなし、その処分は実際に責任を帯びる足下がいいように計っていい。僕は今まで、足下がただ責任だけあって、そして万事に遠慮しなければならぬ位置にはなはだ同情していた。

渡辺弁護士の世話には大いに感謝している。それから向いの加藤家、いずれもよろしく言ってくれ。

この次の面会は春、その次の面会は夏、僕の出るのも大ぶ近づいた。

前の手紙に言ったよう、音楽院のような組織で自由語学塾というようなものを建てたら、これで家の生活だけは保証できると思う。その上僕は、できるなら雑誌も出そう、反訳《ほんやく》もしよう、先生もしよう。また雇手があるなら、ドウセ当分は公然のムーブメントもできまいから、運動をしないという条件で雇人にもなろう。要するに二、三年はまったく家政のために犠牲になろう。そのつもりで足下もあまり心配しないでくれ。

フランスへ本を注文したいと言ったのは、㈠ソシオロジイの名著、㈡露仏辞書、独仏辞書、伊仏辞書、西仏辞書、スペイン語文法、㈢最近哲学、最近科学の傾向を書いたもの、㈣最近文学、ことにローマンおよびドラマの形勢、これは欧州一般のものの外《ほか》に仏、独、伊の各国別のもの、㈤アナトール・フランス、オクタブ・ミルボー、およびこれに類する現代文人の創作（なるべく短篇集）および評論。

張か、あるいはパリにいる谷の友人のところへ金を送ってやって、この五種のものをなるべく専門家に尋ねて、いい名著を、できるだけ古本でなるべく多く（もっとも二は一冊ずつでいいが）買ってくれという、ずいぶん厄介な注文をしてくれないか。

次の書物、買入れまたは借入れを乞う。買うのは毎月一冊ぐらいずつでいい。それも無理にとは言わない。

ディーツゲン著、哲学（三冊ばかりあるはず）。イプセン、文学神髄。ジャングリ（米国文学）。ジャック・ロンドン著、ワー・オブ・クラッセス。バーナード・ショー作、ドラマ（五、六冊あるはず、綺麗な表紙にして合本することをお為さんに相談してくれ）。以上、堺家。

ピュヒネル著、物質と精力。ドーソン著、近代思想史。ゴーリキー短篇集。以上、幸徳家。

近代政治史。ゴーリキー、平原。以上、上司家。

外《ほか》に前に言ったのはどうした。

ぽかぽかが社会を思い出させる　堀保子宛　四月十三日

戸籍法違犯*とかいうので、この八日に裁判所へ喚《よ》び出された。ちょうど一年半目に人間の住む社会なるものを例の金網ごしにのぞき見した。僕らの住んでいる国に較べると、妙に野蛮と文明とのごっちゃまぜになったとこのように感じた。いちょう返しがひどく珍しかった。桜も四、五本、目についた。事は相続の手続きが遅れたとかいうのでほんのちょっとした調べではあったが、口の不自由になっているのには自分ながらほとほとあきれた。それと最初の答から海東郡だの神守《かもり》村だのという言いにくい言葉ばかりなんだから。僕はこんど出たら、どこか加行や多行の字のないところに転籍する。その後その決定が出た。科料金二十銭。

ことしは四月にはいってから毎日のように降ったり曇ったりばかりしていて、したがって寒いので少しも春らしい気持をしなかったが、きょうはしばらく目のいい天気だ。何だかぽかぽかする。このぽかぽかが一番社会を思い出させる。社会と言っても別に恋しいところもないが、ただ広々とした野原の萌え出ずる新緑の空気を吸ってみたい。小僧《飼犬の名》でも連れて、戸山の原を思うままに駈け廻ってみたい。足下と手を携えて、と言いたいが、しかし久しい幽囚の身にとってそんな静かな散歩よりも激しい活動が望ましい。寒村などはどうしているか。

僕らの室《へや》の建物に沿うて、二、三間の間を置いて桐の苗木が植わっている。三、四尺から六、七尺の丈ではあるが、まだ枝というほどのものはない。何のことはない、ただ棒っ切れが突っ立っているようなものだ。それにちょっとした枝のあるものがあっても、子供の時によく絵草紙で見た清《きよ》正《まさ》の三本槍の一本折れたのを思い出されるくらいの枝だ。こんなのが冬、雪の中に、しかもほかに何にもない監獄の庭に突立っているさまは、ずいぶんさびしい景色だ。しかしこの冬枯れのさびしい景色が僕らの胸には妙に暖かい感じを抱かせた。棒っ切れがそろそろ芽を出してくる。やがてはわずかに二、三尺の苗木にすら、十数本の、あの大きな葉の冠がつけられる。その頃には西川が出よう。

うちのことについて、いろいろ書かなければならんこともあると思うが、足下からの便りがないので、何がどうなっているのか少しも事情が分らない。足下からの手紙はたしか十一月の父の死の知らせが最後だ。一月には松枝と勇からのが来た。三月には足下のと思って楽しんでいたら、仲の、しかも一月に出した、用事としてはすでに時の遅れた、内容の無意味極まる、実に下らないものを見せられた。面会はいつもあんな風にいい加減のところで時間だ時間だと言っては戸を閉められてしまうのだし、用の足りぬこともまたおびただしいかなだ。今うちに誰と誰がどうしているのやら、またどんな経済の事情やら、その他万端のことを本月の面会の時によく話の準備をしてきて、簡単にそして詳細によく分るように話してくれ。

足下は初めて子供らの世話をするのだが、どうだいずいぶんうるさい厄介なものだろう。《継母は父のいくらもない財産の大部分を持って去った。そしてすでに嫁入っている二人の妹の外の六人の弟妹が保子の許に引き取られた。》

僕は別にむずかしい注文はしない。ただみんなを活発な元気な子供に育ててくれ。ナツメは急にいたずらをされる仲間ができて困っていやしないか。

去年の十月からほとんど毎月の手紙のたびにドイツ文の本の注文をしているのだが、どうしたのだろう、さらに送ってくれないじゃないか。せっかくできあがりかけた大事なところを半年も休みにされてはまたもとのもくあみに帰ってしまう。大至急何か送ってくれ。

目録の中から安い本を書き抜こう。

フンボルト著、アンジヒテン・デル・ナトゥル

ヤコブセン著、ゼックス・ノベルレン

ヴィッセンシャフトリヘ・ビブリオテク　6-8.　17.　73.

ベルタ・フォン・ズットネル著、ディ・ワッヘン・ニイデル

しばらくドイツ語を休んだかわりに、ロシア語に全力を注いだので、こっちは案外にはやく進歩した。生立《おいたち》の記《トルストイ》のようなものなら何の苦もなく読める。来月中にまた何か送ってくれ。

先月の末からの差入れのものは大がい不許になった。近日中に送り返す。なお次のものを至急送ってくれ。《これは、実はいったん不許になったものを、また別な名で差入れる指図をしたものだ。》

伊文。プロプリエタ（経済学）。フォンジュアリヤ（哲学の基礎）、ロジカ（倫理学）。

英文。ルクリュ著、プリミチフ（原人の話）。ドラマチスト（文学論）。スカンジネビアン（北欧文学）。フレンチ・ノベリスト（仏国文学）。

仏文。ラポポルト著、歴史哲学。ノヴィコー著、人種論。

なおほかに英文で、ウォードのピュア・ソシオロジイとサイキカル・ファクタース、ギディングスのプリンシプル・オブ・ソシオロジイ。

ここまで書いたら、体量をとるので呼び出された。十三貫四百目。去年の末からとるたびに百目二百目ずつ増える。からだの丈夫なのはこれで察してくれ。

＊戸籍法違犯——戸主であった父・東の死去後、相続して戸籍を作るべきところを、入獄中でもあり、手続きしていないことを咎められた。戸籍には、この年十月二十四日付で転籍届がされている。戸籍簿の記載は、次に「大正十二年九月十六日午後八時、東京市麹町区大手町一丁目一番地に於て死亡、大正十三年四月十四日届出」とあるだけ。結婚など戸籍に関わる届けは、一切していない。

こんどの秋水らの事件について　堀保子宛　六月十六日

不許とあきらめていた四月上旬出の手紙を五月の半ばに見せられた。たぶん三月の半ばに一月出の伸のを見たから、それから満二ヵ月目《懲役囚は二ヵ月に一回ずつしか発信受信を許されていない》の今日まで延ばされたのだと思う。お上《かみ》の掟というものはまことに峻厳なものだ。しかし四月下旬出のあの手紙は即刻見ることができた。これはまたたぶん臨時にというお恵みに与《あずか》ったのだと思う。お上の掟にはまたこの寛容がある。ともかくこの一通の手紙で万事の詳しいことが分ったのではなはだありがたかった。

花壇を作ったということだが、思えば僕らが家を成してからすでに六年に近く、この間自ら花壇を作ることのできたのがわずかに二回、しかも一回だに自分の家の花壇の花を賞したことがない。

この監獄では僕らの運動場の向うに、肺病患者などのいる隔離監というのがあって、その周囲の花壇がいつも僕らの目を喜ばしてくれる。本年も四月の初めに、何の花だか遠目でよくは分らなかったが、赤い色の大きなのが咲きそめて、今はもう、石竹、なでしこの類《たぐい》が千紫万紅を競うている。そして、この花間を蒼面痩躯の人達が首うなだれておもむろに逍遥している。僕は折々自分のからだのはなはだ頑健なのを嘆ずることがある。色も香もない冷酷な石壁の間に欠伸《あくび》しているよりは、むしろ病んで蝶舞い虫飛ぶの花間に息喘ぐ方が、などと思うことがある。帰る頃にはコスモスが盛んだろうということだが、ここにもコスモスは年の終りの花王として花壇に時めく。お互いにコスモスの咲く頃を鶴首して待とう。

去年の春は春風吹き荒《すさ》んで、「揚花雪落覆白蘋、青鳥飛去銜赤巾」というような景色だったが、ことしの春の世の中はどうだったろう。いずれ面白い話がいろいろあることと想像している。

兄《けい》が近所に来てくれたので家のことはまずまず安心した。こんどの兄の子は男か女か。兄の細君にもいろいろ世話になるだろう。よろしく。進の腕白には大ぶ困らせられたようだね。人間の子を育てるのはお雛様や人形を弄ぶのとは少し訳が違う。もし足下らの女の手に自由自在になるような男の子なら、僕はその子の将来を見かぎる。教育の要は角をためることでなくして、ただその出る方向を指導することにある。進はかつてその容貌もっとも僕に似ると言われていたが、あるいはその腕白もそうなのだろう。それにあの子は少し吃《ども》りやしないか。よくもいいところばかり似るものだ。その後学校の方はどうなったか。勇は何かしでかして家に来られないようになっているとのことだったが、まさか今なおそんな事情が続いているのではあるまいね。彼は今、少年期から青年期に移る、肉体上および精神上に一大激変のあるもっとも危険な年頃にある。そして出ずれば工場の荒い空気の中、帰れば下宿屋の冷たい室《へや》の中、というはなはだ情けない、そしてはなはだ危険なところにある。休日などにはなるべく家へ来て、一日なり半日なりの暖かい歓を尽させてやってくれ。

伸の徴兵検査はどうなったか。弟妹ら一同に留守中の心得というようなものを書きたいと思ったが、許されないので致し方がない。五ヵ月の後相《のち》ともに語るまでおとなしく待つよう伝えてくれ。

こんどの秋水らの事件（大逆事件）について二つお願いがある。一つはかつて巣鴨の留守中に借りた三十円の金をこの際返してもらいたい。こんな時にでも返すのが、返す方でもはなはだ心持よし、また返される方でもはなはだありがたかろう。も一つは少し厄介なことだが、もしお母さんを呼ぶ必要があるなら、そしてそのいるところがないなら、家で世話をしてやってくれないか。僕は足下の秋水に対する悪感情はよく知っている。しかし、この際これほどの雅量はあってほしい。また、かくのごときは、彼に対するもっともよき復讐だと思う。もし御承知なら、一度秋水と会って相談してくれ。

お為さんは、古本を買っては売りしているということだが、本郷の例の本屋と協定して、初めに十円か十五円出しておいて、毎月五十銭くらいの割で本を借り出すような便利はできまいか。月に四、五冊ずつで二ヵ月目には返せる。

いま見たい本は、『帝国文学』の発行所から出るもので物集《もずめ》博士の日本文明史略、長岡博士のラジュウムと電気物質観、鳥居氏の人種学、平塚学士の物理学輓近《ばんきん》の発展、シジュウィックの倫理学説批判、高桑博士の印度五千年史、物理学汎論(著者の名は忘れた、二冊もの)。以上『帝国文学』の広告を見よ。

文学ものでは、博文館の通俗百科全書中の文学論、折々言う抱月の近代文芸の研究、それから早稲田の文芸百科全書、外《ほか》に何か最近哲学史というようなもの。

経済学では、金井博士の社会経済学、福田の経済学研究、同氏の国民経済学、イリスの経済学提要、早稲田のマーシャル経済学、およびコンラッドの国民経済学。上記の研究は坂本が持っているはずだ。彼はなお、天界の現象だの、その他科学もののいい本を持っているが借りてくれ。先生相変らずイカンヨかな。

早稲田の講義録の中の生物学、樗牛全集《ちよぎゆう》の一、二、三はないのか。あの持主によろしく。梁川の文集、早稲田の時代史。

欧文のものを禁ぜられたのではなはだ困っているが、露は猟人日記、独はゲーテ文集、この二つを幾度も繰返して読むつもりだ。猟人日記の持主に、あれを出る頃まで借りられるか尋ねてくれ。狂風*がフランス語をやってるのは感心感心。若宮、守田など病気如何《いか》に。社会にいるものはなぜそう体が弱いのだろうね。

この雨が止んだら急に激暑が来るだろう。足下のお弱いお体もお大事に。

書画骨董の景気は如何に。子供も大きくなったろうね。山田へ行く時があったら、細君に米川のお悔みをよろしく頼む。

この手紙の着くのと足下の面会に来るのとどちらが早いか。四月の足下の手紙と僕の手紙との間に、期せずして同じような事柄の二、三あったのは面白く感じた。

僕の知っている松枝は細面のむしろ痩せ形の子であったが、今はそんなに太っているのかね。チョット想像しかねる。

＊狂風——徳永保之助（一八八九～一九二五）。のち飄風と号す。平民社に給仕として入社。赤旗事件で執行猶予。大杉が創刊する『近代思想』一～三号に詩を発表した。

突然市ヶ谷へ移されて　堀保子宛　九月十六日

夏になれば少しぐらいからだのだるくなるのは当り前のことだ。しかし僕は、去年だって一昨年だって、特にからだが弱るとか、食欲が減るとかいうようなことは少しもなかった。そして心中ひそかに世間の奴らや従来の自分を罵って、夏になって何とかかとか愚図つくのはきっとふだん遊んで寝て暮している怠けものに限る、などと傲語していたものだ。

それだのに本年はどうしたのだろう。満期の近い弱味からでもあろうか、ひどく弱り込まされた。まず七月早々あの不順な気候にあてられて恐ろしい下痢をやった。食べるものは少しも食べないで日に九回も十回も下るのだもの、病気にはごく弱い僕のことだ、本当にほとほと弱り込まされた。

その後二ヵ月余りにもなって、まだ通じもかたまらず、食欲も進まない。雨でも降って少し冷えると三、四回も便所へ通う。そして夜なぞはひどく腹が痛む。医者もまん性だろうと言うし、僕もあるいは幸徳か横田（二人とも腸結核だった）のようになるのじゃないかとひどく心配していた。もっともこの四、五日は便も大ぶ具合がよし、おとといの雨にも別に変りはなかったが、うまくこれで続いてくれればいいがと祈っている。

　山川らの出た日だった。さほど強い風でもなかったが、もう野分《のわき》と言うのだろう、一陣の風がさらさらと音するかと思ううちに、この夏中さしわたし二尺あまりもある大きな葉の面に思うまま日光を吸うていた窓さきの桐の葉がばさばさと半分ばかり落ちてしまった。そしてその残っているのも、あるいは破れあるいは裂けて、ただ次の風を待っているだけのようだ。秋になったのだ。

　病監の前のコスモスもずいぶん生え茂って、もう四、五尺のたけに延びた。さびしい秋の唯一の飾りで、かつやがて僕らを送り出す喜びの花になるだろうと、ひたすらにその咲き香《にお》うのを待っていた。

　すると本月の二日、突然ここ（市ヶ谷の東京監獄）に移されて来た。何のためだかは知らないが、千葉にはいささかの名残りもない。塵を蹴立ててやって来た。ここでは八畳敷の部屋に一人住いしている。仕事はきょう木あみ。前には二枚ずつを三本にして編むのだったが、こんどは五本に進歩した。またまずいの少ないのと叱られないようにと思って、一生懸命にやっているが、日に十六丈何尺というきまりのをようやく三丈ばかりしかできない。夜業がなくて、暗くなるとすぐ床につけるのと、日曜が丸っきり休みなのとが、はなはだありがたい。

六日に例の課長さん《今の監獄局長、当時の監獄課長谷田三郎君》が来て、「きょう君《きみ》の細君が本を持って来たから、差支えのないものだけ名を書いておいた」という仰せだった。その本は受取った。これからは司法省の検閲を経る必要はない。直接ここへ持ってきてくれ。至急送って貰いたい本は、英文。ダーウィン航海記。ディーツゲンの哲学。ショーのイプセン主義神髄。クロのロシア文学。モルガンの古代社会。個人進化と社会進化。産業進化論。

独文。科学叢書。

露文。文学評論。

伊文。論理学。

古い本を宅下げするようにしておくから、近日中にとりに来てくれ。大ぶ多いからそのつもりで。本は五冊ずつ月に三度下げて貰える。

本が来ると日課に割って読む　堀保子宛　十月十四日

八月に書いた手紙は不許になったが、九月に出したのは着いているのだろうね。足下の方からさらに便りがないので、少しも様子が分らない。この手紙の着く頃は、ちょうど足下が面会に来れる時に当るのだが、今はただそれのみを待っている。

先月の末であったか、湯にはいっていると「面会」と言って呼びに来た。まだはいったばかりで何処《どこ》も洗いもしないのを大喜びに大急ぎに飛び出して行ってみると、思わざる渡辺弁護士だった。きのうその委任状に印をおしておいたが、もう事はすんでいるのだろうね。何だか話はよく分らなかったけれど、遅くなると取れんかも知れんとか言っていたようだったが、そんなことになっては大変だ。取れるものは早く取る方がいい。

前の手紙に胃腸を悪くしているなどと書いておいたから定めて心配していることと思うが、その時にもちょっと言っておいたように、その後ははなはだ経過がいい。まだ一週に一度ぐらいは下るが、大した下り方ではない。痛みは全然なくなった。このぐらいの下痢なら、ちょうどここで毎週一度大掃除をやらすように、腹の中の大掃除をやるような気持がして、かえって小気味がいい。出るまでにはぜひ治したいと思ってしきりに運動して養生している。

ことしは初夏以来、雨ばかり降り続く妙な気候なので、内外にいる日向ぼっこ連の健康がはなはだ気づかわれる。あとの二度とも本が郵便でばかり来るので、あるいは足下も寝ているのじゃあるまいかと心配している。八月の千葉での面会の時に、読んでしまった本を持って帰れと言った時も、眼に涙を一ぱいためて何のかのと言いわけする情けなさそうな顔つきは、どうしても半病人としか受取れなかった。

手紙もこれで最後となった。これからは指折って回数を数えてもよかろう。僕の方では毎十の日に本が下るのでそれを暦の一期にしている。まず本が来ると、それを十日分の日課に割って読み始めるのだが、いつもいつも予定の方が早すぎるので、とかく日数の方が足らぬ勝ちになる。したがって日にちの経つのが驚くほど早い。そして妙なのは、この五、六月以来堪えられぬほどそとの恋しかったのが、ここに来てからは跡かたもなく忘れて、理屈の上でこそもう幾日たてば出られるのだとは知っているものの、どうしても感情の上のそんな気が浮んでこない。何だか今ここにこうしているのが自分の本来の生活ででもあるような気持すらする。しかし何と言っても定めの日が来れば出なければなるまい。

森岡の神様《獄中で少し気が変になって自分は神様だと言い出した一同志》はどうした。ひと思いに腐れ縁を切ってしまわなくっちゃというので、誰にも会わずにすぐ船で大連へ行くと言っていたが。なるほどああいう男もできるのだから、お上でわれわれを監獄にぶちこむのも多少はごもっともと思われる。僕もすっかり角を折ってしまった。こんどこそは大いにおとなしくなろう。もう喧《やかま》しいむずかしいことはいっさいよしにして、罪とがもない文芸でも弄んで暮すとしようか。それとも伸のように三井あたりで番頭にでも雇おうと言うなら、金次第でどこへでも行こう。ほかに何にも芸はないが、六ヵ国ばかりの欧州語なら、堅いものでも柔らかいものでも何でも御意《ぎょい》のままに翻訳する、というような触れで売り物にでも出ようか。しかしせっかくこうしておとなしくなろうと思っていても、お上で依然として執念深くつきまとうようなことがあっては、何もかもオジャンだ。

来月の初めには父の忌日が来る。いっさいの儀式は止せ。寺へ金を送ったりするのも無用。

僕の出る日には、子供らはうるさいからみな学校へやっておけ。決して休ませるには及ばん。

本をもう五、六冊頼む。ただし来月上旬でいい。『新仏教』読んだ。お為さんがアッパレ賢婦人となりすましたのはお祝い申す。
出る前に、ふろしきを差入れるのを忘れないよう。いつかは本当に困った。着物は洋服がよかろう。
堺は久しぶりで大きな声で笑っていようね。山川はにやりにやりか。

まずまず無事で出て来た　古河力作*宛　十二月二日
僕は二十九日まずまず無事で出て来た。御安心を乞う。
大ぶ寒いね。お体をお大事に。用があったら何でも言って来たまえ。
*古河力作――一八八四〜一九一一。園芸会社に勤め、社会主義思想に関心を抱く。大逆事件に連座して入獄。翌年、死刑の判決を受ける。大杉へのはがきに「左様なら、ご機嫌やう、近々出立致し升《ます》」と。

弁当に本差入れておいた　坂本清馬宛　十二月八日
二十九日無事出獄した。御用あらば遠慮なくお申付けくだされたし。僕の出た日、弁当に本差入れておいた。着いたか念のため聞いておく。本を差入れたから見たら郵送してくれ。

独特の科学文明を普及する必要　坂本清馬宛　十二月二十八日

君の改心は面白い。僕らに対する忠告はありがとう。僕は独特の科学文芸を普及するを必要と思っている。「堺を補助して」云々は御免を蒙《こうむ》りたい。小さくとも僕も一人前だ。クロポトキンの仰せの本はもともと英文で、独訳はあるが仏文のはない。連日裁判で疲れるだろう。馬車も頭の上に布を張られては何の楽しみもなくなってしまうね。

Ⅱ　『近代思想』と自由恋愛

略 年 譜 II

1912（大正元）年	27歳	10月，荒畑寒村とともに『近代思想』を創刊。
1913（大正2）年	28歳	1月，近代思想小集を始める。7月，サンジカリズム研究会発足。
1914（大正3）年	29歳	『近代思想』を止め，月刊『平民新聞』を発刊するが，4号を除き，全て発禁となる。9月ころ，伊藤野枝と初対面し好感をもつ。
1915（大正4）年	30歳	研究会を「平民講演会」に発展させる。6月，フランス文学研究会を始める。神近市子が受講，やがて近づく。10月，『近代思想』を復刊するが，初号を除き発禁になる。
1916（大正5）年	31歳	『近代思想』を廃刊。2月，伊藤野枝と恋愛関係に。3月，堀保子と別居。4月，野枝が辻潤と別れ，大杉と結ばれる。11月，葉山・日蔭茶屋で神近市子に刺され，この事件で社会的非難を浴びる。12月，保子と離縁。
1917（大正6）年	32歳	同志からも孤立し，野枝と貧乏のどん底生活。9月，長女・魔子誕生。
1918（大正7）年	33歳	1月，野枝とともに『文明批評』を創刊して再起し，4月，労働運動研究会を始める。

一九一一・明治四十四年

保養のため移転　石川三四郎宛　十一月十六日

病人の保養のためきのうこの地に移転す。当分はここ（相州腰越七里ヶ浜）にて冬ごもりするつもり。

一九一二・明治四十五・大正元年

浪花節を見に行った　上司小剣宛　一月一日

賀正

暮れに浪花節《なにわぶし》がかかって見に行った。君はあの「黒ビロードのキンチャク云々《うんぬん》」というのがお得意でよくうなったものだそうだね。

元旦　遊びに来給え　七里ヶ浜にて

『近代思想』を発刊　江渡《えと》幸三郎宛*　九月二十日

拝啓　小生ら今回『近代思想』と題する月刊雑誌を発刊いたし、哲学、科学、および文学に対して、小生ら独特の見地より観察、批判、評論を加え、いささか平素欝勃の抱懐を吐露いたすはずに候間、例によって御購読の栄を賜わりたく、此段《このだん》お願い申しあげ候。なお、はなはだ勝手がましくは候えども、もし多少の読者を御勧誘なしくだされ候わば、幸甚と存じ候。

初号目次（十月一日発行）

▲愚かなるものよ（詩）飄風（狂風・徳永保之助の別号）▲本能と創造（評論）大杉栄▲怠惰者（小説）荒畑寒村▲大杉と荒畑（随筆）堺利彦▲ラファルグの認識論（研究）小原慎三▲ほんとに欺された男（脚本）伊庭孝▲新しい戯作者（感想）山本飼山▲近代劇論（評論）荒畑寒村▲売文雑話（随筆）渋六（貝塚渋六、堺利彦の別名）等。

なお、上司小剣、白柳秀湖、守田有秋、安成貞雄、高畠素之諸氏も毎号執筆のはずに御座候。定価、一部金十銭、半年分前金五十五銭、一年分前金壱円、郵券代用は五厘にて一割増のこと。

近代思想社　大杉栄・荒畑寒村

注　「大逆事件」によって死刑、無期懲役それぞれ十二名という大弾圧を受け、社会主義運動は「冬の時代」の停滞期に入った。その中で、運動復興の「時機は自らつくるべきだ」と踏み切ったのが『近代思想』の創刊である。時事問題は扱えなかったが、文芸、思想の新鮮な切り口が受け入れられ、経営は順調に推移した。が、飽き足らず、労働者を相手に「端的な具体論にすすみたい」として、月刊『平民新聞』を発行。発禁に次ぐ発禁で苦しめられる。

＊江渡幸三郎――一八七九～一九四四。〇一年、東大に入学。トルストイ、クロポトキンに傾倒。一〇年、府下千歳村に「百姓愛道場」を開設、農業に従事。独自の「場の思想」を追究した。大杉を支援した一人。

一九一三・大正二年

近代思想小集の案内　江渡幸三郎宛　四月十八日

明十九日午後六時より、日本橋区小網町鎧橋側メーゾン鴻の巣に小集＊を催す。会費金壱円。御来会を乞う。

＊小集――近代思想社が主催して、寄稿者のほか馬場狐蝶や相馬御風などゲストを招いて文芸や思想、科学などについて意見交流を図った懇談会。十月まで七回開かれた。

ヘッポコ哲学と矛盾しないか　上司小剣宛　『近代思想』八月一日

今に死ぬというは事実だ。けれども今生きているという事は、更にそれ以上の事実だ。飲めや唄えやコリャコリャで生きて行くのも面白かろう。明月水中浮底の無楽無愁で生きて行くのも面白かろう。

けれども君を始め今のヘッポコ文士らはそのどの一つだってろくに出来やしないじゃないか。自分の言うことは正しい、とこう思うだけはよしてくれなどと余計なことを言ってくるのは、君自身のヘッポコ哲学と矛盾しやしないか。

こんど何処《どこ》かで会ったら、溝の中へでもたたき込んで、大いに痛快がらしてやるべいかな。

御説ノ如キハ到底不可能　井上奈良蔵宛　十月

我々在京同志者間ニ於テ毎月一回会合シ御説ノ如キ供養ヲ営ミ居タリシモ警察ヨリ種々ノ干渉ヲ受クルヲ以テ止ムヲ得ス中止シタルカ如キ有様ナレハ御説ノ如キハ到底不可能ナリ云々。

（内務省警保局『大杉栄の経歴及言動調査報告書』一九二三年）

注　書簡そのものではなく、官憲が検閲して書き換えた記録である。井上への返信だが、受信書簡も検閲されていて、内容は大逆事件で幸徳秋水ら十二名が処刑された日を期し、同志が毎年会合して供養をしては如何、と提起する趣旨であった。「調査報告書」は、大杉が一九〇六年に要視察人甲号に指定されて以来、四六時中警察が監視して、「言動」を記録した報告書。このほかにも、検閲された書簡の記録がある。

君のは年増芸術だね　上司小剣宛　十二月二十五日

やっかいな病気にかかったものだね。経過はどうだい。御見舞にも出たいのだが、僕自身もまだ床を離れられない仕末なので、失礼する。せいぜい御大事に。

　きょう『文章世界』の「東光院」をよんだ。誰かが君の「住吉詣」を評して年増芸術だと言ったが、こんどのもやはりそれだね。だんだん君が円熟してくるのを、僕はつまらなく思っている。

（日本近代文学館所蔵）

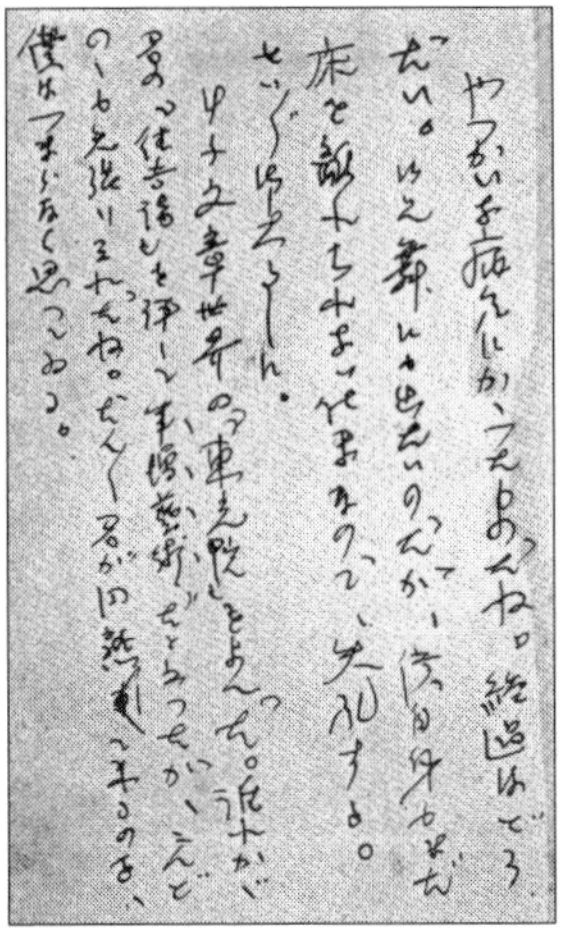
床を離れられない仕末なので、失礼する。
せいぜい御大事に。
きょう文章世界の「東光院」をよんだ。誰かが君の「住吉詣」を評して年増芸術だと言ったが、こんどのもやはりそれだね。だんだん君が円熟してくるのを、僕はつまらなく思っている。

←上司小剣宛書簡・一九一三年十二月二十五日

一九一四・大正三年

百円を握ったことのない僕　宛先不明　一月十日

まる二た月を病床に暮らしたうさはらしに、幸いにきょう社（売文社）から命ぜられた翻訳の仕事を携えて、きょうの夕方から、ここ日蔭の茶屋に寝ころんでいる。

　着く早々、まず女中をつかまえて、宿賃を問う。一日八十銭から一円五十銭まで、なおお望みによっては、いくらでも上の方へ勉強いたしますと言う。

　僕は頭の中で勘定した。二十字十行詰の原稿紙が一枚三十銭、日に四枚書くとして一円二十銭、これで二等の宿賃だけが出るわけである。四枚なら遅くとも一時間はかからない。あるいは半時間くらいですむかも知れぬ。お安いことである。そこでこの方は、早速、原稿紙四枚分ときめる。

そして夕飯を食ってからの所在なさに、こんどはペンをとって、また勘定をし出した。

毎日朝の三時間だけ働くとして、約二十枚、金高にして六円、宿賃との差引高四円八十銭、更にそれから諸雑費を除いて、少なくとも月に百円あまりは手にはいる。

生まれて今年三十歳、しかも百円という自由な金を、未だかつて握ったことのない僕は、この計算が出た時、今更ながらに驚きかつ考えた。

まず僕は僕自身を仮定した。一週に一と晩かせいぜい二た晩位しか用のない女房などというものを、わざわざ朝から晩まで一生付添わしておくような、馬鹿馬鹿しい若気のあやまちを侵さなかったものとして。

さて如何《いか》にしてこの百円の金を費《つか》って行こうか。それは今夜の夢にでも見ることとして、これで筆をおく。

（『へちまの花』一月二十七日）

注　売文社は、堺利彦が始めた文筆業で、原稿、広告の文案、翻訳などを引き受けて収入を得るいっぽう、機関誌『へちまの花』を発行するなど同志の交流を図ろうとした。大杉は一四年四月まで在籍した。

表記の処に居住す　神奈川県宛　二月六日

今日より当分表記の処に居住す。警戒は御勝手なれど、家主および近所へは御遠慮あって然《しか》るべし。

（内務省警保局『大杉栄の経歴及言動調査報告書』一九二三年）

注　夫婦ともに体調を崩し、療養のため大久保から鎌倉に転地した。文面の通り、警察による監視のため、住居内への立ち入りや、小屋の造営などで居住地の近隣に迷惑をかけないようにとの断り。あまり知らせないことだが、必要があったのだろう。

ひっこしはすんだかい　安成二郎*宛　二月七日

ひっこしは無事にすんだかい。細君にさわりはなかったかと保子がしきりに案じている。あったかいよ。僕はきのうから羽織なしだ。保子は足袋《たび》なしだ。

*安成二郎――一八八六〜一九七四。貞雄の弟。『近代思想』に生活派の短歌を発表、編集にも参画した。当時は雑誌『女の世界』編集長。のち読売新聞婦人部長。大杉の親しい友人。

大きな仕事をするつもり　上司小剣宛　三月十一日

あの翌日上京して、帰りに寒村と百瀬とを連れて来て、二、三日遊び廻ったので、お約束のはがきが大ぶ遅れてしまった。

お雪さん（上司小剣夫人）はもう来てるのかい。御来遊をまつ。十一日。

――――――

この家から四、五軒奥が僕の家だ。例のベルグソン*を忘れないように。もう仕事も終ったろうね。僕は百瀬を助手にして、この二ヵ月ばかりの間に一つ大きな仕事*するつもりで、きのうからそれに取掛っている。おげんさんは横浜から帰ったかい。よろしく。

（鎌倉由井ヶ浜の絵はがき）

＊ベルグソン――フランスの哲学者。生は不断の創造的な進化の活動であるとし、概念的把握よりも直観の優位を主張、生の哲学を唱えた。大杉が影響を受けたひとり。

＊大きな仕事――月刊『平民新聞』発行の準備か。『近代思想』五月号で、十月から「労働者を相手にして……、新しき雑誌」の発刊を予告する。百瀬はこのとき、売文社を退社して、大杉の家に滞在していた。

まだ下痢が治らない　安成二郎宛　日付不明

今ふと思い出して字引を見た。

Aimi は Aimé の間違いじゃあるまいか。それだと字引にも Aimé Martin (1781 - 1847) フランス文筆家とある。これならばエイメと読む。

僕の家はこの家から四、五軒奥にある。この山のさきがいわゆる稲村ヶ崎だ。まだ下痢が治らんので弱っている。きのうは一日寝て、きょうはボツボツと原稿を書いている。なかなかはかどらぬ。

（鎌倉由井ヶ浜の絵はがき）

何とお悔やみ申し上げればいいか　平出頼子宛　三月十八日

一月にお訪ねした時にはよほど御衰弱のように見受けましたが、それでもだんだん快《よ》い方に向ったのだとも伺い、その後二月に雪降りの日に三橋までお出《い》でになった事を聞き、またその次にお伺いした時にはいろいろ元気なお話しを承ったりなどした私には、いま急にこんな事になろうとは本当に夢のようです。

私はいま何といってお悔やみを申し上げていいのかその言葉を知りませぬ。いずれ永訣式にはぜひその末席を汚したいと思っております。

（『定本平出修集　続』一九六九年）

注　平出修（一八七八〜一九一四）の死去に際して、妻・頼子へお悔やみの手紙。修は大逆事件ほか弁護士として活躍。文学者でもあって、近代思想小集に出席した。結核のため鎌倉で療養中、大杉は二回ほど見舞う。永訣式にも参列した。

書籍差入れと書信の許可　坂本清馬宛　四月十四日

清馬君。

僕は今、筆を執って、何から書き出していいのか分らぬ。とにかく頭に浮んでくるままに書きならべることにしよう。

ことしの初めだった。君からしばらく手紙が来ないというので、姉さんが大ぶ心配していたものだから、司法省に谷田監獄局長を訪ねて、いろいろ君の様子を聞いた。そして折よくその席に、君の方の典獄が来合わしていたので、君のその頃の事情については、細大となく、もれ聞くことができた。

なお、その時の僕の願出によって、局長と典獄とから、次の二件の許可を得た。その一つは書籍の差入れのことだ。これは以後僕が受持つことになって、いったん局長の検閲を経た上で、さらに典獄の許可を得て、君の手にはいる順序になる。それともう一つは書信のことだ。これは、君の方からは一回おきに君のうちと僕とに出し、またこちらからも同様に、君のうちと僕から一回おきに出せることになった。

これで書籍の差入れもよほど自由になった。君の満足するだけの書籍はとうてい送ることもできないが、しかしはなはだしき不満足は君に感じさせずに済むことと思う。君のうちでは、君の手紙の中に書籍差入れのことのあるのが、もっとも苦痛らしいようだから、以後それについてのことはすべて僕によこす手紙に書くようにするがいい。そして君のうちの方へは、両親や姉さんに対する君の肉親の情をのみ書き送るようにするがいい。

それから、君から君のうちへ送る手紙についてちょっと注意しておくが、君はただ、君が丈夫でいるということと、謹慎しているということだけを、幾度でも繰返して言ってやればいいのだ。その他のことはただ君のうちの人をいたずらに心配さすに過ぎないようになるのだから、できるだけ言ってやらんがいい。そして用事はすべて僕にまかしてくれ。僕ならば、いくら君から我儘《わがまま》を言ってきても、もとより少しも恐れはしない。できんことはほうっておく。できることはできるだけやる。

この手紙の表書を見て、君も多少驚いたろうが、僕ら夫婦はこの二、三年以来、少々呼吸器を悪くして、今はここ（鎌倉坂ノ下）に転地しているのだ。保子の方は一時、半年ばかり入院したが、今はもうほとんど平常に復し、僕は初めからほんの名ばかりの病気に過ぎぬくらいなのだから、決して心配には及ばぬ。生活の方も翻訳でどうにかこうにかやっている。大勢の妹や弟も、大がい、あちらこちらの親族のうちへ片がついた。僕は例の通り哲学や科学や文学の書物を猟《あさ》っている。そして片手間に、この猟り歩いた結果を、小さな雑誌に発表している。雑誌の経営は承知の通り困難だ。しかしこれが僕の今の唯一の事業なのだ。

僕はこの土地にも長くは居れない。ここは夏になれば紳士の遊び場所になるので、僕ら平民のとうてい居られるところではない。君から僕に出す手紙は、先きに言った雑誌社へ宛てて貰いたい。

所は東京府下、大久保百人町三五二〝近代思想社〟。

本月の末か来月の初めかには、少々金のはいる当てがある。先月の君の手紙の中にある書物は、少なくとも半ばくらいまで買えることと思う。もし本屋になかったら、他の書物をえらんで送る。

なお本年中には、たぶん保子が局長にお願いして、君のところへ面会に行けるだろうと思う。一緒に行く連れがあるものだから、まだ何月ともきまらない。

近日、金一円送る。見てしまった本があったら、近代思想社の方へ送り帰してくれ。

来月の君の手紙を待って、これで筆をおく。

健在なれ。

一労働雑誌にご援助を　江渡幸三郎宛　六月十九日

拝啓　既に近代思想誌上にも発表いたしました通り、小生らは今年の九月限りで近代思想の経営を安成貞雄、同二郎の両氏に譲り、十月一日から別に労働者に対する伝道を目的とした月刊雑誌を出し、いささか社会進化の一端に資したいと存じます。近代思想はわずかに一度離散した同志の間に、多少の連絡をつける位の功績は果し得たと信じますが、しかしそれとても、同志相互の間に一致と了解とをもたらしたというのでもなければ、実際の労働問題、社会問題を捉えて、労働者に対して端的なる具体論を試むるが如きは、雑誌の性質上、もとより絶対に不可能なる処でありました。
しかしながら、小生らはもはや到底こういう消極的な、不自然事には堪えられなくなりました。

小生らばかりではない、恐らくは同志諸君といえどもそうだろうと思います。かつ小生らは、社会の情勢そのものが、小生らをしてこの無為安逸の境を出て、何らか積極的な活動に出《い》ずる事を促しているように思われます。微弱にもせよ、少数にもせよ、小生らの努力と、勇敢にして自覚せる労働者の協力とは、必ず多少の貢献を社会進化の上にもたらし、日本の社会運動に一転換期を画する事ができると信じます。

この故に、小生らは近代思想の経営を他に委ね、新たに一労働雑誌の創刊を企てたのでありますが、さしあたって非常な困難を感じているのは保証金*の問題であります。もし東京で発刊するとなれば一千円、小生のいずれかが地方に住まって出すとしても、なお五百円ないし二百五十円を要します。保証金を納めない位ならば何も近代思想をやめて他の雑誌を出すまでもないことで、厭《いや》が応でも保証金は積まねばなりませんが、しかし小生らの無資力なる独力では、千円はおろか、二百五十円の金さえもほとんど作る望みがありません。もちろん小生らといえども、それまでには如何《いか》にもして多少の金は作る考えでおりますが、その大部分はこれを同志諸君、および同情者諸君の御援助に俟《ま》たねばなりません。これ小生らが、六月号の近代思想に寄付金募集の広告を掲げた所以《ゆえん》であります。吾々《われわれ》が沈黙を守り、惰眠を貪ったのも、かなり久しいではありませんか。もういい加減に眠りから醒め、沈黙を破って、戦うべきではありませんか。吾々はその時期の来たのを感じます。少なくとも、その時期を来《きた》すために努めねばなりません。

切に貴下の御援助を乞う次第であります。

大杉栄・荒畑寒村

（岡崎一「『狄嶺文庫』発掘2」『彷書月刊』一九八六年四月）

＊保証金——新聞・雑誌に時事に関することを掲載する場合には、保証金を納めることとされ（新聞紙法）、金額は月に三回以内で、発行所が東京市と市外三里以内の場合は一千円、人口七万人以上の市区と市外一里以内では五百円、その他の地区で二百五十円であった。

二日で六、七十枚書かねばならん　安成二郎宛　八月二十日

またやっぱり日蔭（日蔭の茶屋）へ腰をおろした。昔なじみの女中が大いに優待してくれる。ただし別品じゃない。いい室《へや》があったのと涼しいのとで、勉強はできそうだ。しかしあしたとあさって二日で、ちょっと六、七十枚書かねばならんと思うと、ちょっとうんざりする。

今日は一日寝ている　安成二郎宛　日付不明

ヨウロッパ（カフェ）で大ぶ待っていたが来なかったね。話がうまく行かなかったのかい。君の下駄を実業之世界へ置いてきた。うっかりして誰にもそう言うのを忘れたが、数寄屋橋で四郎君（安成の弟）に会ったから、よろしく頼んでおいた。

今日は一日寝ている。

『平民新聞』初号、発禁食うかも　幸徳駒太郎宛*　十月十日

いつもいつも御手紙を戴くままで、ツイ失礼しています。

先日はまた、結構なものを戴いて、ありがとうございました。さっそく荒畑にも分けました。よろしく御礼を申してくれとのことです。

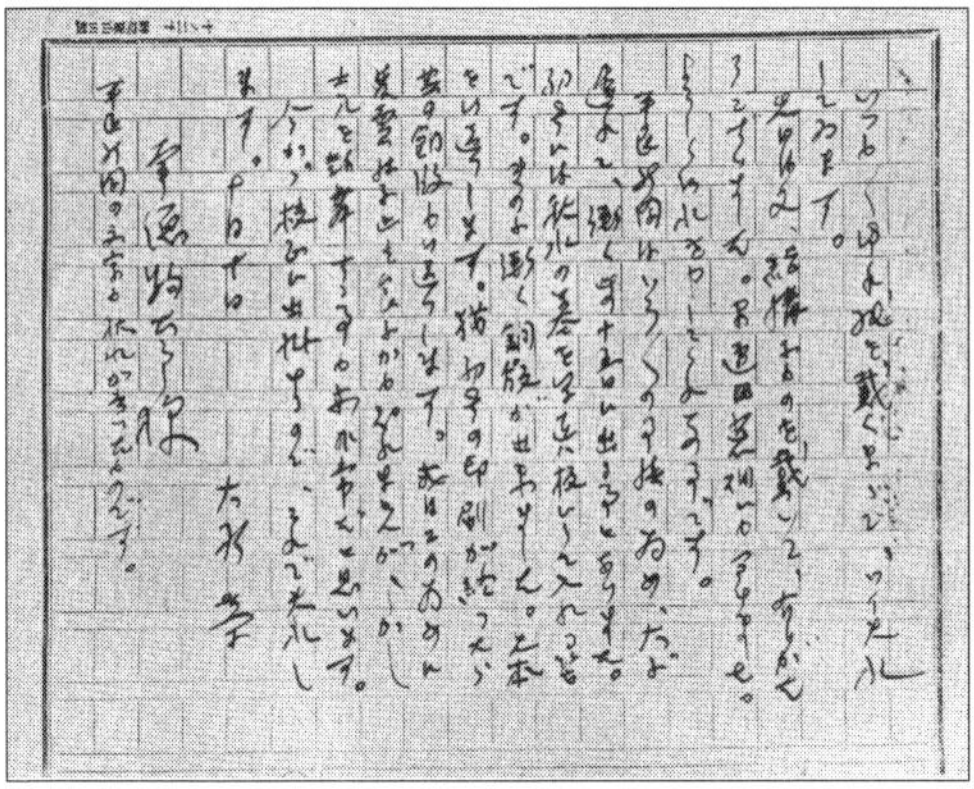

幸徳駒太郎宛書簡・1914年10月10日

『平民新聞』*はいろいろの事情のため、大ぶ遅れて、ようやくこの十五日に出ることとなりました。初号には秋水の墓を写真版にして入れるはずです。きのうようやく銅版ができました。見本をお送りします。なお初号の印刷が終ったらその銅版もお送りします。あるいはこのために発売禁止を食うかも知れませんが、しかし士気を鼓舞することもまた非常だと思います。

今から校正に出かけるので、これで失礼します。

平民新聞の文字も秋水が書いたものです。

（日本近代文学館所蔵）

＊幸徳駒太郎——幸徳秋水の義兄。秋水が継いだ家業の薬種商を経営し、一族の生活を支える。幸徳の遺骨を引き取り、墓を建立した。

＊『平民新聞』――大杉が編集兼印刷人、荒畑が発行人となり、月刊誌として創刊した。全面を転載記事で埋めた第四号を除き毎号発禁となり、六号で廃刊した。

一九一五・大正四年

文学者は悪い癖を持っている　天弦堂宛　五月二十六日

『個人主義思潮』の外《ほか》は読んでいないので、内容についてもそれぞれ批評する訳にいかない。まず全体から見て「近代思潮叢書」というのが、いい思いつきだと思う。次に各篇も、適当に選定された、ちょっと読んでみたいと思われる表題のものばかりだ。

しかし文句を言ってみれば、もっともこれは文壇のすべてに対することになるが、一体、文学者という一種の知識者は、思潮をただ思潮としてのみ見て、その思潮を生ぜしめたもっと根本的の他の社会現象との関係を見ない悪い癖を持っている。相馬君の＊『個人主義思潮』を見てもそうだ。これは文学者の頭がとにかく平面的にできているからだ。平面的描写で思潮のことが本当に分るものじゃない。そんなことだから、オイケンもござれ、ベルグソンもござれ、タゴールもござれ、というようになるのだ。万劫の思潮が波高く奔流するがいい。しかし本当に波高くだ。半年か一年で枯涸しない尽きざる源泉からだ。

＊相馬君——相馬御風（一八八三〜一九五〇）。評論家。『近代思想』に寄稿。「個人革命」と「社会革命」をめぐって大杉と論争。まもなく郷里・糸魚川に帰る。早大校歌「都の西北」や「春よ来い」の作詞者でもある。

母上御逝去のよし、祝辞を　福富菁児宛　八月十七日

いつか葉山を去ってから、しばらくしてまた行ったのでしたが、お帰りのあとだったので、失望しました。母上御逝去のよし、普通ならばお悔やみを申し上げなければならぬのですが、加藤家の皆々様の幸福のため、かえってお喜びの祝辞を申し上げます。

御上京の時はぜひお出で下さい。

（福富菁児「優しかった大杉栄」『文章倶楽部』一九二八年十一月）

注　福富は旧姓・加藤、軍人の父親・丈は新発田連隊で大杉の父・東と同僚、長兄は大杉の友人だった。奇縁なことに、大杉の継母・かやが東の死後、予備陸軍少将であった彼の父の後妻となり、彼の継母にもなった。この母は加藤家に入っても意地悪で、少年の彼を虐げ、大杉を「悪人」だと言って聞かせた。そこで彼は、母が大杉を悪人だと言えば言うほど、善人だと思うようになったという。

序文が遅れて相済まない　安成二郎宛　十一月十二日

いつもいつも留守で失礼。

とかくに忙しいものだから、序文*がはなはだ遅れて相済まない。まだ間に合うだろうか。

別紙に二枚ばかり書いたが、「……」の中へ前の序文を入れてくれ給え。もっともあの中の引例した歌や、その前後のそれに関した文句は抜いてもいいと思うが。今あの本をさがしたのだが見つからんので、ご面倒ながら、君の方でいいようにしておいてくれ給え。

*序文——安成の歌集『貧乏と恋と』（実業之世界社、一九一六年一月）への序文。

一九一六・大正五年

君の作ってくれたのは美しい　安谷寛一宛　三〜四月

続き（フランス語研究会で使っていたエンゲルスの『社会起原論』の中の「家族制度」の章の）を大急ぎで芸術倶楽部の方へ送って頂きたい。この前の日に、予備知識について話して、こんどこそ要るのだから。君の作ってくれたのは美しくできていて分りやすいので、みんなに喜ばれている。何かお礼をしよう。

L'Imitation（タルドの Les Lois de L'Imitation）と、Logique（同 La Logique Sociale）と、Syndicalisme（ジュウフルの Le Syndicalisme et la Revolution Prochaine）は、三才社から送らせる。急ぐには及ばないが、直接代金を送ってやって貰いたい。

僕達なら尻をまくるところだ　安谷寛一宛　三〜四月

お手紙拝見。そんなことは少しも知らなかった。その端書は結局僕の手にははいらなかった。困ったろうが、しかしそれで強くなれば結構。やっぱりいろんなことにぶつからなければ、なかなか強くはなれない。とられた本は僕達ならちょっと尻をまくるところだ。だまっていたら、いつまでしても返さないのが通例だ。

今僕は仲間の誰にもないしょで、表記の所（麴町区二番町第一福四万館）に来ている。下宿屋住いだ。エスピヨン（尾行のこと）どもも少しも知らない。よく嗅ぎつけるくせにまたずいぶん間が抜けてもいる。君の言っているものは南伊賀町（堀保子の住所）の方に置いて、ちょいと取りに行けないことになっているのだ。その事情は追ってしらせる。

前のお礼にPensée Moderne（『近代思想』のこと）を第一巻と二巻と送るようにしておいたが手にはいったかしら？

御宿の寝心地はいかに　伊藤野枝宛　四月三十日

ながい間憧憬していたらしい、御宿《おんじゅく》の、ゆうべの寝心地はいかに。

こちらでは、よる遅くなってから降り出したが、そちらでも同じことだったろうと思う。別れ、旅、雨、などと憂愁のたねばかり重なり合ったのだから、妙にセンチメンタルな気持に誘われはしなかったか。それとも、解放のよろこびにうっとりとしたか、あるいはまた苦闘の後のつかれにがっかりとしたか、ただぼんやりと眠りにはいってしまいはしなかったか。それともまた、……いや、そんなことは、あしたあたり来るあなたからの手紙に、詳しく書いてあるはずだ。それよりは、僕はやはり、僕自身のことを書こう。

停車場を出てからすぐ、例の二人*はまだ飲み足らなかったのだろう、どこかで一杯やろうと言い出した。僕も、実は、少々元気をつけたかった。改札口のところに待っていた刑事の奴を、大きな声で馬鹿野郎と怒鳴ってもみたが、そんなことくらいでは、少しも気持が霽《は》れてこない。橋を渡ってから妙なレストランへ案内された。二人はすぐ飲み出した。しかしその悪酒の臭いは、かえって僕の頭をいためるばかりで、どうしても僕をして盃をとらせる気持にさせなかった。二人が徳利を一つあける間に、僕は林檎を一つたべて、すぐその家を出た。そしてまたもう一軒の、もう少々気のきいた、レストランへはいった。二人は相変らず、すぐまた飲み出した。僕は、しばらくソファに横たわって二人を眺めていたが、もう飲む気も起って来ず、ちょっとそこから眼を離して仰向になったかと思うと、そのまま眠ってしまった。

ふと目をさますと、五十里《いそり》が自分の羽織を僕に着せてくれるところだった。急に空腹を感じだした。起きあがって、息もつかずに、四皿か五皿か平らげた。そして僕はまったく平静に帰ってしまった。あなたとの別れを思い出してもみたが、もうそこには何の憂愁をも伴わなかった。

八時半頃にそこを出て、神保町で二人と分れて、ちょっと下宿に寄って、約束の田中純*のところへ行った。つい近所の本間久雄*も来ていた。一昨日の『読売』の文章（本間久雄「覚めた女の離婚」）の話から、おきまりの僕らの話に移った。僕は、ありのままの事実を、大ぶ激越した、しかし厳粛な調子で話した。この調子は、僕の、ことにこの頃の僕の、生活の基調なのだ。ちょうど十二時をうつまでしゃべり続けた。二人は大ぶ感に打たれているようだった。僕は非常にいい気持になった。

金を持って四谷（堀保子のところ）へ行った。あなたを両国へ送って行ったことも話した。彼女は、あなたのことを「あの狐さんはね」と呼びながら、軽い皮肉といやみとを並べかけそうにしたが、僕は手をのばしてその口をおさえたまま眠ってしまった。

四谷へは、きのう、『国民』の男と、『万朝』の女とが、再び訪れたそうだ。僕の下宿へも、留守中に、来たらしい。

なお今、大阪の和気《わけ》*から、こんなはがきが来た。

「野枝さんと同棲したということが、『大阪朝日』に出ていたが、本当だろうか。当然の成行だとも思うし、あるいは——とも思われる。差支えなくば事実の真相を聞かしていただきたい。岩野*の時のように、もし世間の問題になった際には、社では、当事者にできるだけ自由な発言の機関を提供したいと思っている。新聞記者としての僕は、決して君の友人としての僕を裏切らないということを、今から断っておく。いずれにしても御近状を知りたい」

けさ、おしげさん*からの電話があった。きのう六時頃に向うへ電話したが留守で、けさまた電話で掛け合ったのだそうだ。要するに話はまったく駄目。しかしまあ仕方がない。

『万朝』の女は、おしげさんに話をしてくれと迫ったそうだ。それからなお、あの場の光景を書かしてくれと頼んだそうだ。そしておしげさんは、二つとも、きっぱりと断って、あとは雑談で済ましたそうだ。

五十里も馬鹿だね。ゆうべどうして神保町まで来たのかと思ったら、酔っぱらったまま、またおしげさんのところへ寄ったのだそうだ。そしてウンと叱られて帰ったそうだ。

きょうは、この下宿へ三十円あまり払いをしなければならぬのだが、一文もなし、といって雨がふるので出るのはいやだし、今から二、三ヵ所電話をかけて、それで駄目なら駄目ときめて、床《とこ》でもしいて寝ようかと思う。あしたからは、こんどこそ本当に、仕事に取り掛からなくちゃならんから、今日はまあゆっくり休んでおこう。

めずらしく長い手紙を書いた。獄中にいる時をのぞけば、十年以来、これほどの分量の手紙を書くのは、あなたに宛てたいつかののとこれと二つだけだ。しかし、あしたからの毎日一通ずつの手紙は、たぶん四、五行のはがきで終るかも知れない。

子供*はおとなしくしているか。あるいは伯父さん（大杉自身）のいやな咳《せき》もきかないので驚かされずに寝ていることができるだろう。何だか虫を起しているように見えるから、よく気をおつけ。

欲しいものがあったら何でも言っておいで。あしたかあさってかは五、六円手にはいるはずだから、雑誌でも送ろうかと思ってはいるが。

注　ここから伊藤野枝との熱烈、しかし葛藤含みの恋文である。新聞や雑誌で「不道徳」「サーニン主義者」などと非難を浴びるなかであった。経緯はこうだ。以前、大杉は、野枝が『平民新聞』を警察の捜索から隠してくれたお礼に再訪、野枝から長文の手紙を貰って「恋らしい情熱」を抱いていた。他方、野枝が出産のために福岡の実家に帰っている間に、神近市子と「淡い恋に戯れ」る交錯も生じていた。野枝が帰京して二人の恋が進むかのとき、野枝は夫・辻潤と離別、子を抱いて、千葉県御宿の旅館に滞在する道を選ぶ。原稿生活に入って自立するつもりだった。大杉は前月、保子と別居し、麹町三番町の下宿でひとり住まい。御宿へは三度訪れている。文通は、野枝が御宿を引き上げ、金策のため大阪や福岡に旅した時まで続いた。

＊例の二人――平民講演会に参加していた同志の五十里幸太郎と田戸正春。御宿に発つ前夜、二人を交えて野枝の送別会を開いた。

＊田中純――当時、春陽堂の編集者。印税の前借りに行った。のちに作家、評論家。

＊本間久雄――文芸評論家。読売新聞で、野枝が子供を置いて家を出たことを暗に非難した。

＊大阪の和気――和気律次郎。当時は大阪毎日新聞の記者。『近代思想』に寄稿し、同小集の常連。同志集会にも参加した。

＊岩野――岩野泡鳴（一八七三〜一九二〇）。小説家。前年、再婚した妻・清子（青鞜社の遠藤清子）と別居して、青鞜社の蒲原英枝と同棲に入ったため、非難された。

＊おしげさん――荒木滋子。『青鞜』に寄稿。野枝は辻潤の家を出たあと、滋子が住む神田三崎町の旅館・玉名館に滞在した。女優・荒木道子の母。

＊子供——野枝の第二子・流二。このとき生後五ヵ月。御宿で里子に出された。

神近が来た　伊藤野枝宛　五月一日

きのう、あの手紙を書いてから、それを出しに行くついでに、しばらく目でお湯にはいった。ガッカリしてしまった。もう、いやな電話をかける勇気も出ず、なるようになれと思いながら、下宿の番頭を呼んで、十五日までの支払い延期を申し渡した。

夕飯までグッスリと寝た。それでもまだ眠り足りないで、また横になっていると、五十里が来た。あの晩またおしげさんのところへ行ったのをひやかしたりして笑っていたが、やはり眠いのでツイうとうとしていると青山君＊のところへ行くと言って出かけて行った。

するとそれといれちがいに、こんどは神近＊が来た。四、五日少しも飯を食わぬそうで、ゲッソリと痩せて、例の大きな眼をますますギョロつかせていた。社（東京日日新聞）の松内（松内則信）にもすっかり事実を打ち明けたそうだ。松内の方では、それが他の新聞雑誌の問題となって社内に苦情の出るまでは、いっさいを沈黙しているということであったそうだ。しかし、神近の方では、他に仕事の見つかり次第、辞職する決心でいる。新聞社の仕事にはもう飽き飽きしているようだ。

あの女も、この頃は、本当にえらくなった。あの立派なからだを見ても知れる、その強烈な性欲を、近頃ではほとんど征服してしまった。十時頃まで水菓子などを食べて饒舌《しゃべ》っていたが、何のこともなく、おとなしく寝て、おとなしく起きて、そしてまたおとなしく社へ出て行った。可哀そうな気もするが、しかしそれでなくては、あの女は本当の道を進んで行くことができないのだ。もう、あなたからの手紙も、見せてくれとは言わない。また内容を聞きたがりもしない。僕がそれを読んでいる間、だまって眼をつぶって何事かを考えているようだったが、その顔には何の苦悶も見えなかった。本当に、このままで進んでくれればいいが。

きのう、あなたへの手紙を書いてしまってから、それまでは妙に落ちついていた心が、急にまた物さびしさにたえられなくなった。

うとうと眠っている間にも、眼をさますと、何だか胸のあたりに物足りなさを覚える。そして、ただひとりいる、あなたのことばかり思い出す。神近が来てからも、この胸の欠カンは、少しも埋められない。

あなたの手紙は、床の中で一度、起きてから一度、そして神近が帰ってから一度、都合三度読み返したのだが、少しも胸に響いてくる言葉にぶつからない。早く来い、早く来い、という言葉にも、少しもあなたの熱情が響いてこない。

本当にあなたは、この頃、まったく弱くなっているようだ。そしてその弱さは、単にいじらしいという感じをのみ、僕に与える。僕には、それが、堪《たま》らなく物足りないのだ。

三度目に手紙を読んで、しばらくして落ちついてから、第一のはがきを書いた。

それから仕事に取りかかるつもりで、本のところへ手を延ばしてみたが、急にさびしさがこみあがって来て、その手はこめかみのところに来てしまった。

逢いたい。行きたい。僕の、この燃えるような熱情を、あなたに浴《あび》せかけたい。そしてまた、あなたの熱情の中にも溶けてみたい。僕はもう、本当に、あなたに占領されてしまったのだ。

しかし、僕のこの状態も、渡辺*のところにいる一友人（村木源次郎）の来訪によって、まったく打ち壊されてしまった。その友人というのは、横浜の同志で、赤旗事件の時に一緒に入獄して、その後一、二度会ったきりで、ずいぶんしばらく目だったのだ。入獄する時には、まだ二十歳ばかりの、本当に文字通りの美少年であった。出獄後、肺を病んで、この頃はもうほとんどいいとは言っているのだが、頬に赤みをさしているところなぞは、どうしてもまだ本当ではない。いい職業がないので、仕方なしに、あま酒を売ってあるいていると言う。けれどもさっきの気持の打ち壊されてしまった不快さが、どうしても、この男と快談することを、僕に許さない。昼飯を食わせて、少しの間話しているうちに、僕はまた横になってツイうとうととしてしまった。

その友人はすぐに帰った。第二のはがきはこの男にポストへ入れて貰ったのだ。

不快は依然として続いている。そしてその間にまた、さびしさがだんだんと食いこんで来る。四たび、あなたからの手紙を引きだして、読み返す。そして、また、眠ってしまった。

女中に起されて夕飯の膳に向ったが、まずくって食えない。そして、あなたのことが思い出されて仕方がないので、この手紙を書き出した。

今から、神田方面へ、散歩に出かける。一軒、心あたりの本屋にも寄ってみるつもりだ。

子供の守《もり》を頼むという婆さんは、いい婆さんであればいいがね。どう？

＊青山君——まもなく山川均と結婚する山川菊栄（一八九〇～一九八〇）。女子英学塾同窓の神近市子に誘われ、大杉のフランス文学研究会や平民講演会に参加。戦後、初の労働省婦人少年局長。
＊神近——神近市子（一八八八～一九八一）。『青鞜』に参加。のち東京日日新聞記者。フランス文学研究会に参加、恋仲になる。大杉と野枝の貧窮時、金銭的に援助。間もなく葉山・日蔭茶屋で大杉を短刀で刺す事件を起こす。
＊渡辺——渡辺政太郎（一八七三～一九一八）。西川らの東京社会新聞創刊に参加、のち大杉らの同志集会に参加。自らも研究会を主宰。大杉が野枝を訪問して初対面するとき、案内して紹介した。

見失われていた力を見出した　伊藤野枝宛　五月二日

けさ、あの雑誌や新聞をポストに入れて帰って来ると、三十日と一日との二通のお手紙が来ている。

本当にいい気持になってしまった。僕はまた、あなたに、僕の持っている理屈なり気持なりを、ほとんど話したことがない。それでも、あなたには、それがすっかり分ってしまったのだ。二ヵ月間というものは、非常な苦しさを無理に圧《おさ》えつつ、まったく沈黙してあなたの苦悶をよそながら眺めていたのも、決して無駄ではなかったのだ。

しかし、一時は僕も、まったく絶望していた。そして僕は、せめては僕の気持もあなたに話し、またあなたの気持も聞いて、それで綺麗にあなたのことはあきらめてしまおうと決心していた。あなたのことばかりではない。女というものにはまったく望みをかけまいとすら決心していた。そして、それと同時に、僕自身の力にもほとんど自信を失っていた。僕が、いつかのあなたの手紙を貰ってから、ひどく弱り込んでしまったのも、まったくそのためであった。

あなたは、僕に引寄せられたことを感謝すると言う。けれども、僕にとっては、あなたの進んで来たことが、一種の救いであったのだ。それによって僕は、僕自身の見失われた力をも見出し、またそれの幾倍にも強大するのを感得することができたのだ。

きょうの、あの二通の手紙は、まだ多少危ぶんでいた僕を、まったく確実なものにしてくれた。本当に僕はあなたに感謝する。あなたの力強い進み方、僕はそれを見ているだけでも、同時にまた僕の力強い進み方を感じるのだ。

本当に僕は、非常にいい気持になって、例の仕事にとりかかった。昼飯までの、二時間ばかりの間、走るように筆が進んで、いつもの二倍ほども書きあげた。

また邪魔がはいった。正午頃に、労働者の一同志が来た。新聞配達の労働組合をつくりたいと言うのだ。しかも、もうほとんど、その準備ができていると言うのだ。一時間ばかりは、その話で大ぶ面白かったが、やがて下らないその男の身上《みのうえ》話や何かに移って、せっかくの興も大ぶさめた。

三時頃にようやく帰る。あくびが出て仕方がない。また、けさの手紙をとり出して見る。そしてこの手紙を書き出した。

御宿の浜というのは、僕の大好きな浜らしい。僕には、浜辺が広くって、そこに砂丘がうねうねしていないと、どうも本当の浜らしい気持がしないのだ。僕の育った越後の浜というのがそれであった。

あなたの、早く来てくれという言葉も、何の不快もなしに、というよりはむしろ、非常に快く聞くことができた。本当に行きたい。一刻でも早く行きたい。今にでも、すぐ、飛び出して行きたいくらいだ。ゆうべは、神田の一軒の本屋に寄ってみた。ごく小さな本屋でもあり、それに今ある雑誌をやりかけてその方へ全部の資金を注いでいるので、あなたの本の話は駄目だった。もう一軒、これならばと思って行ってみたが、その主人がきのうとか軍隊に召集されて行ったとかで、これまた駄目。まだもう一軒、望みをかけている本屋もあるが、ちょっと行ってみる気にならない。

『文章世界』はそんな話はまったく駄目。孤月《こげつ》*は少しも顔を見せない。

とにかく、往復の旅費さえできたら、せめては一晩泊りのつもりで行く。そして、第二土曜にあなたが上京した際には、必ず何とか都合して、一緒に御宿へ行けるようにする。

あなたが大きな声で歌うというその歌い声を聞きたい。

＊孤月――中村孤月。文芸評論家。「読売文壇」五、六日の評論「幻影を失った時」で、大杉が野枝を無理に奪ったと勘違いして「略奪者の行為」などと論難した。八日の書簡参照。

楽しかった三日間の追想　伊藤野枝宛　五月六日

発車するとすぐ横になって、眼をさましたのが大原の次の三門。そこで尾行が代った。たぶん大原から新しいのが乗り込んだのだろう。また、本千葉まで眠った。そこでも新しい奴が乗り込んで千葉で交代になった。最後にまた亀戸で代った。都合三度、四人の男が代った訳だ。ご苦労様の至りなり。

電報と手紙と一通ずつ来ている。今その手紙を読んでみて、あんなに電話をかけるのをたのしみにしていたのを、本当にすまなかったという気が、今さらながらにしきりにする。どんなに怒られても、どんなに怨まれても、ただもう、ひた謝りに謝るつもりで出かけたのであったが、会ってみると、それも何だか改まり過ぎるようでできなかった。しかし本当に済まなかったね。もう一つ済まなかったのは、ゆうべとけさ、病気のからだをね、あんなことをしていじめて。あとでまた、からだに障《さわ》らなければいいがと心配している。

けれども本当にうれしかった。本千葉で眼をさまして、おめざめにあの手紙を出して読んで、それからは、たのしかった三日間のいろいろな追想の中に、夢のように両国に着いた。今でもまだその快い夢のような気持が続いている。

『東京朝日』(けさ宿でかしてくれたあの新聞にも、この記事があったのじゃあるまいか。ツイうっかりしていたが)と『万朝』と『読売』との切抜を送る。きょうの『万朝』には何も出ていない。もう終ったのだろうか。

孤月は「幻影を失った」のだね。余計な幻影などをつくったから悪いのだ。あきれ返った馬鹿な奴だ。

『女の世界』に書くことに　伊藤野枝宛　五月八日

きょうからは面会謝絶で、うんとやるつもりでいたところを、正午頃から珍しく孤月におそわれた。

あした、安成二郎がそちらへ行くと言っているから、それと強制同行をしたらどうだとすすめている。

二郎は、ゆうべやって来て、保子に対する僕の心持を『女の世界』〔月刊誌〕に書いてくれと言うのだ。それはおことわりして、ほんの少しだけ話をしておいたが、きょうは神近のところへ行ったはずだ。

孤月と強制妥協して、次のごときハガキを『読売』へ送るつもりで書いた。

◇中村孤月氏　去る五、六日、本紙所載「幻影を失った時」中の、某氏および某女史にあてつけた項は、まったく感違いにつき、その全部を取り消すと。

しかしまだ読売抄の締切前らしいので、土岐*へその旨《むね》電話したら、自分の領分の社会部で取扱うという返事だ。いたずら者だね。

けさ、手紙がついた。うんと書いてごらん。僕も、たのしみにして待っている。

また今、二郎が来て、とうとう書くことに約束した。あしたの朝八時の汽車で行くそうだから、

この手紙は持って行って貰うことにした。

＊土岐――土岐善麿（一八八五〜一九八〇）。歌人。『近代思想』の寄稿家で、同誌と並ぶ『生活と芸術』を創刊した。書簡のときは読売新聞の社会部長。〇七年、駅伝の嚆矢となる東京・京都間の「東海道駅伝」を実施。のち朝日新聞に転じる。戦後、国語審議会長など多くの業績を残した。

あなたはえらいのだ　伊藤野枝宛　五月九日

きのうは、夕方土岐と会うはずになっていたものだから、安成と一緒に出かけて読売へ行くと、そこへ荒川＊が来る。さらに四人で社を出ると、路《みち》で荒畑に会う。こう大勢になると、夕飯を食うのも大変だし、ともかくもとカフェ・ヴィアナへはいる。

いろんな話のついでに、野依《のより》＊の話が出て、ついに野依を呼ぼうということになる。

野依とは、実は、もう一年あまり絶交の形になっているのだ。野依が仮出獄で出獄して、さらに新しい事件が治まった時、荒畑や僕などと交際をしては、裁判官の心証を悪くするからというので、僕ら二人に自分の社への出入りをことわってきた。その時の向うの出かたが少々シャクにさわったので、その後、堺を介して二度ばかり和解を申込んでもきたが、こちらでは不承知でいた。

しかし、ここ十日ばかりの間に、あいつも四年間の牢獄生活にはいらなければならぬのだ、仲介なぞはなしに、当事者が会ってみて、何とか話をきめようという心持が起ってきた。それで安成に電話をかけさせた。

土岐だけは中途から抜けて、あとの連中がみんなして、築地の何とかいう待合へ行った。そこへ、一元社の松本悟朗*と何とかいう奴と二人、これも野依と会うはずでやって来た。盛んに、食い、飲み、かつしゃべった。

だが、とうとうしまいに、僕のカンシャク玉を破裂さす言葉が、野依の口から出た。あいつ、人を侮辱することを平気でやれる人間なのだ。殴って、蹴って、うんと罵倒して、それで謝らしてようやく少々の腹いせができた。みんなはアッケラカンとして、ただ黙って見ていた。

ところが、再びまた、僕のカンシャク玉を破裂さすことにぶつかった。それは例の堺（堺氏をそこへ呼んだのだ）の冷笑だ。いきなりコップを額にぶつけた。向うでも徳利をほうった。皿が飛ぶ、ぼんが飛ぶ。ついに二人は起ちあがったが、その間に坐っていた二、三人に抱きとめられてしまった。

芸者どもも女中どももも、ビックリして逃げ出した。堺はすぐ帰った。

堺と僕とのイキサツは、『生の闘争』の中にある「正気の狂人」以来の、またいつもあの意味のことなのだ。いつかも、やはり同じようなことで、平民講演で口論した。それがついに、ここまでに進んで来たのだ。

他のみんなは帰ることとなって、野依と僕と二人だけ、その待合に泊った。もう一時近かったので、女を呼ばずに、ただ一人で寝た。本当にいい気持で寝た。実は、待合というところはゆうべが始めてなのだ。

きょうは、安成がそちらへ行ったはずだから、ゆうべのこの騒ぎの話も出たことと思う。
しかし、こんなつまらぬ話はよそう。

お互いの経済上のことは、それ以外の何事もと同じく、独立しなければならぬのは言うまでもない。最初からの、僕のいわゆる三つの条件*の一つにもなっていることだ。それができなければ、お互いの自由な生活などということは、まったく駄目になる。

僕は、あなたにもまた神近にも、いわゆる扶養などという、そんな侮辱は与えることはできない。また、ヴィチヴェルサに（その逆に）、そんな侮辱を与えられることも許さない。けれども、やむを得ない必要の場合に、お互いに助力し合うことが何で悪いのだ。

いや、あなたには、今さらこんな理屈を言う必要は少しもない。また、特にこのことについて言ってきたあなたの心持も十分に分っている。

保子にも、お互いの経済上の独立のことは、よく話してある。そして保子は、それをうらやましがると同時に、自分でもしきりにその独立を欲している。保子は、この独立ができさえすれば、すぐにも、あらゆる点におけるその心持が一変するように思われる。

保子についての僕への忠告、およびあなたの心持は、本当にありがたく聴く。そうでなければならぬはずなのだ。そして、それのできないことが、僕にとっての一番の苦痛になっているのだ。

保子は無学な女だ。しかし、生じっか学問のある女よりは、よほどよく物の分る女だ。しかし、保子の今の地位は、僕やあなたや神近のことについてとなると、保子をしてほとんどいっさいのことに盲目ならしめている。必ずしも、いつでもそうだと言うのではないが、現に非常によく分っている時もずいぶんあるのであるが、とかくに盲目になりがちなのだ。あれほどしっかりした女が、ただ自分のいる地位のために、こんなにまで眩《くら》まされようとは、ちょっと思いがけなかった。

あなたは、三人のうちでも一番優越（僕の愛ということばかりではない）した地位にいるのだ。したがって、よしあなたほどの聡明をもってしなくとも、一番物の分りやすくなる地位にいるのだ。もっと正確にいえば、物の分りにくくなる障害をもっとも少なく持っている人なのだ。

僕は、あなたがまったく自発的に、今まではまるで変った心持にグングン進んで行くのを見て、実は少々驚異にも感じている。そして、あなたという人に今さらながら敬服すると同時に、僕自身のためには感謝に堪えないのである。本当にあなたはえらいのだ。しかし、あなたのこの進みかたを見る際には、またそれと他の二人の人のとを比較して見る際には、この地位ということもよほど考察の中に入れなければならない。そして、あなた自身に対しては、自分自身をよほど割引して見なければならぬと同時に、他の人達に対しては自分自身をよほど遠慮して居らせなければいけない。

僕は、保子にも、できるだけの話はしたいと思った。また、そのためにはできるだけの努力もした。けれども、ほとんどそのたびごとに僕はまったく絶望した。話ししている間に、彼女の盲目と醜悪とが、だんだんその頭をもたげてくる。僕には、その盲目さと醜悪さとを見せつけられることが、何よりも堪らないのだ。僕にはもう憤怒の外《ほか》には道がなくなる。

しかし、考えてみれば彼女の盲目とか醜悪とかいうのも、厳密に言えば、彼女のものではないのだ。そとからの、種々なる事情によって、塗りつけられたものなのだ。また、その中には、僕との永い間の同棲関係、およびことに最近の僕の彼女に対する態度ということも多分にはいっているのだ。したがって彼女の盲目や醜悪には、僕自身も多分の責任を持っているのだ。僕には、彼女に対して憤怒する、何らの理由もないのだ。こうまで分っていながらも、なお彼女の盲目さと醜悪さとがピリピリ動いてくるのを見ると、それを見ることの不快に、僕までも盲目に醜悪にされてしまうのだ。僕は、保子に対する責任感すなわち済まなさ、保子の盲目さ、そしてまたこの醜悪を保子に浴びせかけた済まなさ、というようなゴチャゴチャの感情から、とても保子の苦しんでいる顔を見ていることができず、またそのために幾夜泣き明かしたか知れない。

本当に、あなたの言う通り、僕は彼女と話しするのが面倒にもなっているのだ。うるさくもなっているのだ。深切気にきわめて乏しいのだ。そしてこのことが、彼女と僕との間の大きな淵をつくっているのだ。この淵のなくならない間は、あなたもしくは神近に対する彼女の悪感は、とうてい除かれるものではない。すなわち彼女のあなたおよび神近に対する悪感は、やはりまた、多分は僕が彼女に与えたことになるのだ。

あなたが保子と会って十分話ししてみたいというのは、あなたの心持においては、はなはだ結構なことだ。けれども僕にはまだ、その結果が恐い。近いうちには、その時機が来ることとも思うが、またなるべく早く来させたいとも思うが、もう少しの間辛棒《しんぼう》して貰えまいか。僕にはまだ、彼女に言わなければならぬ、多くのことが残っているのだ。

半月や一ヵ月のわずかの間のことでも、僕が御宿へ行ってあなたと一緒に暮すということについても、今言ったことと関連しての、いろいろな意味での理屈はいくらでも言える。けれども、行きたくて堪らない感じと、および行ったところで大した差支えはあるまいという（あるいは前の堪らないという感じに誘われ出た理屈であるかも知れないが）理屈とが、最初から僕を促迫している。

ぜひお手紙のような運びにさせたいとは思っている。

仕事のできるのはうらやましい。僕の方は、先日の御宿行きのための（少々恩にきせるようだが）三日間と昨日の一日との四日間の損失で、またまた予定が大ぶおくれる。実はこれがおくれると、したがってこんどの日曜には一緒に行けないことになるのだが。（少々じらせ気味だね。）

今夜は、『女の世界』への原稿を書こうと思っているが、それにあなたからの手紙の一、二節を引用したいと思う。要するに、この手紙にあることをもっと敷衍《ふえん》したものになるのだが、あなたの保子に対する心持がその材料に使われる訳だ。おゆるしを乞う。都合によると、あなたに宛てた手紙の形式になるかも知れない。

きのう、夕飯をすましてから、この手紙をもととして原稿を書こうと思っていると、保子からすぐ来てくれという電話がかかってきたので、すぐ帰るつもりで出かけた。

なんにも用はないのだ。例の通り涙ぐんでいる。僕も、いつもだと、すぐ怒ってしまったのだろうが、きのうはあんな手紙を書いたばかりの時だったので、妙にやさしく出ることができた。あなたのことも、生立ちやら、気風やら、嗜好やら、いろいろと話した。彼女にあなたとの多少の親しみを感ぜさせたかったのだ。

泊った。朝も、いろいろしんみりと話して、保子も大ぶよく分ってくれたようだった。

ひるすぎに四谷を出て、路《みち》で馬場孤蝶*のところに寄り、ひどく話がはずんで、とうとう夜の十一時まで遊んでしまった。

帰ってみると、あなたからの二通の手紙が来ている。どちらも六銭ずつの不足税。

保子に対するあなたの心持なぞについても、十分に書いてみたいと思うが、『女の世界』の原稿をあなたに宛てた手紙のつもりで書くから、それに、今夜はもうおしゃべりに疲れ切っているから、何にも書かずにおく。

その原稿を書く草稿として、ゆうべはこの手紙を出さずにおいたが、そんなことのためにまたあなたが手紙が来ないといってジレていやしないかと心配している。

神近からも、手紙が来ている。いよいよ本月限りで社をよすことに、松内との話がきまったそうだ。しかし、その後の生活方法はある雑誌との話がついているよし。

『万朝』の切抜きを送る。西川（西川文子）には、あなたはどんな態度に出るか知れないが、僕からのお願いとしては、とにかく、あの記事にどれだけの信用がおけるか、したがってどれだけの責任を持てるか、ということの返事を求めておいてくれないか。これは、僕からでもいいのだが、あなたからの方がちょっと都合がいい。

＊荒川――荒川義英（一八九四～一九一九）。『生活と芸術』『近代思想』などに小説を発表。大杉に親炙した。この翌年、中国に渡り、若くして死去。

＊野依――野依秀市（一八八九～一九六八）。実業之世界社社長。入院中に大杉を知り、『近代思想』に広告を出して支援。保険会社への恐喝で、一六～二〇年入獄。のち体制派として多彩に活動。

＊松本悟朗――評論家。『第三帝国』に『青鞜』を批判し、野枝は二度にわたって痛烈に反論した。

＊三つの条件――大杉と野枝、神近が話し、自由恋愛の条件として認めさせたこと。お互いに経済上独立する、同棲しないで別居する、お互いの自由（性的のすらも）を尊重する、の三つ。

＊馬場狐蝶――一八六九～一九四〇。文学者。近代思想小集の正客で、大杉は個人的にも世話になり、「先生」と呼んで敬愛した。著書、訳書多数。

まったくの文なしで弱っている　安成二郎宛　五月二十七日

とうとうロクに仕事もできなかった。あすは東京に帰る。

野枝さんは、まだ一週間ぐらい滞在しているだろう。まったくの文なしで弱っている。できたら至急送ってくれ給え。

野依もいよいよ行くのかな。今おくやみの電報を出しておくが、あした会えるかどうか。

立腹と不快はあなたのオハコ　伊藤野枝宛　五月三十日

日曜日の午後ちょっと寄ったまま、今初めて下宿に帰った。お手紙が二通と電報と来ている。予期していた通りに。

ごく簡単に、まずこちらの事情を言っておこう。

両国では神近が六時から来て待っていてくれた。一緒にその家へ行った。神近はまだ月給も貰わずにいた。

翌日、牛込*へ行くと、まだ生徒は誰も来ていないで、珍しい幼な友達の女(『自叙伝』に出てくるお礼さん)が待っていた。十年前に一度、十五年前に一度、会ったきりの、そしてお互いに十歳から十三、四歳までの間の、ずいぶんとやかましく歌われた幼な友達だ。亭主が大ぶひどい肺病にかかっていて、相談相手になるのは僕一人だから、ぜひあした来てくれと言う。

夕方、四谷へ行くと、借りるはずであった家が、山田(山田嘉吉)と家主との妙な話から、ことわられて、いろいろゴタゴタしていると言う。保子は、なお近所に四、五軒の家を見てあるから、それも見てくれと言う。

その翌日、すなわちきのう、前に言った女の家に行って、夕方神近のところに寄ったが、月給だけは貰えたが、賞与や何かは来月末でなければ駄目だと言う。四谷へ帰る。ゆうべとけさとは、家主との交渉やら、家を見るやら。とにかく話はまだきまらないが、あなたの方のことが気になるので、十時頃下宿に帰った。そんなことで、まだ春陽堂へも行ってみず、その他のどこへも。したがって形勢は少しもわからず。いま春陽堂からの電話で、田中（田中純）がこちらへ来ると言う。何の話だか、少々不安にもなる。安成からは、きのうそちらへ金を送ったはずだが、ついたかしら。子供のことも、一昨日頼んでおいたが、もうやがて返事が来ることと思う。

あなたのお詫びは、わざわざされなくっても、僕にはよく分っている。しかし、あなたばかりが悪いのじゃない、僕の方でも、やはり同じことをあなたにお詫びしなければならぬのだ。二人とも馬鹿なのだ。しかし、その馬鹿は、二人ともお互いによく分っているのだから、今さらもうくどくどしく言う必要もあるまい。

『女の世界』のは、ああして三人*のが並んでみると、はなはだ不十分ながらも、ともかくも大体の気持だけは分るようだ。そしてそのはなはだ不十分というのには、よほど僕の責任があるようだ。僕は、保子に対する僕の外《ほか》にはほとんど僕自身を語っていない。しかもそれすら、ずいぶん不十分

なものだ。

書きぬきに対するご立腹は、最初から覚悟していた。神近の書いたものを読んだ時にも、あなたがそれを読む時の不快は、想像していた。立腹と不快とは、あなたのおハコなんだからね。


少々風邪心地で、気持がわるいので、今から寝る。

ちっとも熱情のこもっていない、いやな手紙だろう。

電報の返事を待っていることと思うが、明朝にならんと分らんので、それまで返事を出さない。
＊牛込――フランス語を教えていたフランス文学研究会。教室が牛込神楽坂の芸術倶楽部にあった。
＊三人――『女の世界』六月号に大杉、野枝、神近がそれぞれの心境を吐露。同誌は発禁になる。

『女の世界』が発売禁止に　伊藤野枝宛　五月三十一日

電報の返事をしなかったせいか、ちっとも手紙をくれないね。

きょう、安成二郎のところで、あなたからの手紙の内容を聞いた。『毎日』の方のも、もう済むそうだね。ひとりになったら、ばかに仕事がはかどるじゃないか。やっぱり僕が邪魔になったのだね。

ところが、『毎日』の方は、はたしてあれを載せるかどうか、どうもあぶないようだ。こちらの『日日』でも大ぶ異論があるそうだ。それに、『女の世界』がきのう発売禁止になったので、なおむずかしかろうと思う。だから、早くしなければいけない、とも言っておいたのだが、しかし今さらもう仕方があるまい。けれども、ともかく向うからの注文で書いたのだから、原稿を送れば金を出さないということもできまい。どうなるかね。

『女の世界』の発売禁止は、向うでもずいぶんの損害だろうが、僕らにとっても、少なからざる影響がある。第一には、世間の奴らは僕らを何と罵倒しようが勝手だが、僕らにはそれに対して一言半句も言う権利がなくなった訳だ。実は、『中央公論』で例の高島米峰*の奴が、「新しい女を弔う」とか何とかいう題で、大ぶ馬鹿を言っているし、『新潮』でもケタ平*の奴が妙なことを言っているし、向うの悪口を肯定しておいて「それがどうしたと言うのだ」とウンと威張ってやりたかったのだが、それもできそうにない。また、実業之世界から少々の借金をするつもりでもいたのだが、今日行ってみての弱り方を見ると、それも言い出せなかった。せめては、来月号のあなたが書くものの原稿料でも前借りしようと思ったが、それすらもできなかった。

それで止《や》むを得ず、ようやくのことで春陽堂から前借りしてきた二十円だけを、電報為替で送っておいた。しかもその為替料は、安成に出して貰ったのであった。宿屋にいて、金もロクに払えないのは、つらかろうが、これも仕方がない。僕の下宿の分と保子の分とは、いずれも半分ずつの支払いのつもりで、いま神近が奔走していてくれる。

僕も、あしたからは大車輪で仕事をやる。

こう暑くなっちゃ、着物にも困るだろう。大阪の方も、どうかすると当てにならないし、それに九州の方もまだ何の返事のないところを見ると大して当てにもならぬようだ。あなたの方も本当にお困りだろう。しかし僕の方では、一週間以内にはまだ多少の金ができるだろうと思われるから、とにかくあなたの方で入用なだけの額を知らしておいて戴きたい。着物の方のことも、お指図を乞う。

安成のところでは、子供のことについて、まだ返事が来ていないそうだ。そちらの方での話はうまく行きそうなのか。

早く仕事を済まして、早くそこを引上げてくるといいね。僕の移転は見合わした。当分はやはりこの下宿にいる。四谷から来たときには、大ぶ気も張っていたし、何もかも我まんして平気でいたが、こんどそちらから帰ってみると、たべ物から何やかまでいやで仕方がない。しかし、例の通り観念している。

あしたからは、当分面会を謝絶して、下宿で仕事をしているから、急な用事があったら電話してくれ。仕事が済んでもただ金のないために来れないようだったら、本当に遠慮なくそう言ってくれ。僕の方でも、できない場合には、勿論《もちろん》できないがね。

何だか、いやな金の話ばかりになっちゃったね。また「不快」になったりしちゃいけないよ。

岩野のお清がね、先日山田の家で女王会とかのあった日、保子のところで夜の十二時頃まで話しこんで行ったそうだ。

保子があの人のところへ行ったことはかつてなし、あの人が保子のところへ来たのは初めて。そして保子は、お清さんもずいぶんいやな女だとは思っていたが、会ってよく話をしてみれば、なかなかいいところもある、などと言っていた。同病大いに相憐んでいる訳なのだね。

『女の世界』を見てからの保子は、僕に対しては、もう何のいやみも皮肉も言わないようになった。しかし自分のことはもう何にも書かないでくれ、という注文だ。あなたや神近に対しては、まだ、少しも好意のある顔付を見せない。

神近の例のことはどうも事実らしい。

平塚*が、夫婦子供女中の四人づれで、もう四、五日間こちらに来ているらしい。月曜の夜は山田に来たそうだ。そして今日も、僕が行く少し前に安成のところへきたそうだ。安成と青柳*との言うところでは、また妊《はら》んでいるらしいそうだ。しかし、少し早すぎるね。

ひとりポッチでいるのは、まだやはり、静かでいい気持かい。ちっともさびしくはならないのかい。いいね。少しは僕を思い出させるように、もしあしたの朝うまく金がはいったら、お望みのハムと何かお菓子を送ろうと思っている。

＊高島米峰——一八七五〜一九四九。評論家。『中央公論』に大杉を「実に日本の国民道徳に対する一大反逆」などと難じた。戦後、東洋大学学長。
＊ケタ平——赤木桁平（一八九一〜一九四九）。評論家。『新潮』で「最も熾烈なる嫌悪と唾棄との感を抱いている」などと非難した。
＊平塚——平塚らいてう、本名・明《はる》（一八八六〜一九七一）。青鞜社を興し、雑誌『青鞜』を発行。終生女性解放、平和運動に従事した。
＊青柳——青柳有美（一八七三〜一九四五）。評論家。『女の世界』（実業之世界社）の発行人。

あなたを滅多打ちにしただろう　伊藤野枝宛　六月二日

きのうから仕事を始めるつもりでいたところが、朝は青山女史が遊びに来る、午後は朝鮮の同志がしばらくめで訪ねて来る、夕飯後にようやく原稿をひろげることができたが、何だか少しも気が乗らず、あなたへの手紙をとも思ってお八重さん*のことを書きかけてもみたが、それもあまりに馬鹿らしく、とうとう十時近くなってから宮島*のところへ出かけた。

お八重さんが、いつか、それは自然のことでしょう、と言ったという言葉は、その後どこへ行ってしまったのだろう。その時には一人と一人と思っていたのが、いわゆるモルモン宗であったので、急に前の言葉を取り消すようになったのじゃあるまいか。

強い力、なるほどあなたは、それにあこがれていたかも知れない。しかし、僕との接近は、単にそればかりじゃあるまい。お八重さんだって、自然のことでしょうと言った時には、そのいわゆる強い力以外の何ものかを考えていたに違いあるまい。

きのう僕は、この「何ものか」について、僕の思うところを書いてみようと思った。そしてまた、僕があなたに求めて行ったことの、僕にとっては、いかに必然的であったかということについても、少しく詳細に書いてみようと思った。しかし、もうそんなことは、僕ら二人の間には、少しも問題にならない。二人で、それについてのまとまった話はしたことはないが、少なくとも僕の方では、断片的にちょいちょいと話してある。そしてその際に、よしあなたが何にも言わなかったとしても、あなたの返事は僕には分っていた。また、二人とも少しもそんなことを話さなかったとしても、あんなことになる以前から、すでに久しくお互いの黙契はできていたのだ。今じぶんになって、事新しく二人の間で論じ立てる必要はない。ね、そうだろう。

こんな風に思ったので、それを書き立てる気にもなれず、それにモルモン宗だの恋の勝利に浮かされているのだのという、少なくとも僕にはまるっきり他人の言葉を気にするのも馬鹿らしくなったので、とうとう手紙を書くのをよしてしまった訳だ。しかしお八重さんのお蔭《かげ》で、またあたまの中で初めからのいろんなことのおさらえができた。原稿紙に向ったまま、ずいぶんながい間、ぼんやりとして酔心地になっていた。

用事で来るはずの宮島がやって来ないので、とうとうこちらから出かけて行ったが、行きちがいになって、うら子君*が一人いた。やがて宮島がもどって来る。少しおしゃべりをしているうちに十二時になり、とまれとすすめられるままに床にはいったが、一時頃にスリバンで驚かされて、二人で見物に出かけた。巣鴨の終点の、車庫の向うの、何とか小学校のすぐそばだった。四、五軒も焼けたろうか。お八重さんや岩野の家はあの辺なのだろう。岩野の家でも焼けたんだと、本当に面白かったのだがね。

けさ、帰ろうとしていると、幻滅居士の孤月が来た。宮島と二人で、お八重さんのところへでも行く約束があったのらしい。もう白地の、というよりは厳密には醬油地とでもいうのだろう、単衣《ひとえ》をきて、元気よく盛んにハシャイでいた。

「野枝さんがしきりに怨んでいるから、せめてはハガキの一本も出してみたらどうだ」とひやかしてもみたが、一向にこたえないような顔付をして笑っていた。

正午、下宿に帰って、あなたからの手紙を見て、この手紙を書き出す。

あなたもなかなかうまいことを言うね。思いだすたびに、苦しまぎれに仕事にかじりつくのだって。そうして、ここまでおいでというような態度が不快であった、というようなことを書いていれば、ちょうどいいやね。また、あんな風なことが、あちこちに出てくるのだからね。こんどは、本当にもう承知しないから、そのつもりでおいで。あなたは、あなたがどんなに僕を思いこんでいるかということを書かれて、あんなところまで抜き書きしなくてもいいと怒ってきたが、僕の方では、こんなことでは決して怒りはしませんからね。

バアやがまた来てくれたのはいいね。あなたのような人は、お守りが上手も下手もあったもんじゃない。少し子供がぐずり出すと、そばへうっちゃり放しにして、脹《ふく》れ面《つら》をして三味線なんかいじり回しているのだもの。本当に僕は、自分の子ででもあれば、すぐさま三味線をとり上げて、あなたを滅多打ちに打ちのめしたのだろうと思う。子供をあずかろうという人は、あなたは会ってみたの。向うの親類の人とかが承知するか否かの前に、一度会ってみたらどう。

ここまで書いたら、また人が来たので、これでよす。また明日。

＊お八重さん——野上弥生子（一八八五〜一九八五）。作家。野枝は『青鞜』を通じて知り合い、のちに隣家に住むことになって親しく交際。辻と別れる前に相談に訪れ、御宿に行くことを伝える。のちに野枝をモデルにした小説「彼女」を発表。文化勲章受賞。

＊宮島——宮島資夫《すけお》（一八八六〜一九五一）。露店で見た『近代思想』がきっかけで、同志集会に参加。第二次『近代思想』の発行人になる。「坑夫」は初期のプロレタリア文学の傑作と評価される。のちに僧侶。

＊うら子君——宮島麗子。資夫の妻。大杉らの集会に参加、『平民新聞』の発行を手伝う。

僕に対するあなたの悪口を　伊藤野枝宛　六月六日

四谷へ行ったら、『中央公論』と『新潮』とが買ってあったので、さっき送った。いずれも、ずいぶんつまらぬものばかりだ。攻撃するならするで、本当に、ウンとやっつけてくれる奴がないものかなあ。

あんなへたな攻撃ばかりだと、何だか歯がゆくなって、自分で自分をか、あるいは僕ら同士の間で、小《こっ》ぴどくやっつけ合いをしてみたいような気になる。

本当を言うと、僕は、僕に対するあなたの悪口を一番きいてみたかったのだ。僕に対するあなたの今までの不満とか不快とかいうものを、一つ一つ詳細に聞いてみたかったのだ。今なお続いているものも、またすでに消え去ったものも、いっさい。そして僕もまた、あなたに対して今まで思っていたことを、すべてあなたに打ちあけてみたかったのだ。

お互いのそれくらいの交渉は、もうよほど以前から、無ければならないはずであったのだ。そして、お互いにあまりに好き合っていたということと、したがって比較的によく理解し合っていたということと、およびお互いにあまり接近することのできなかったこととのために、ついにその交渉を十分に経ないで恋愛関係に陥ってしまったのだ。慎重の態度を欠いたと言えば言えもしよう。しかしまた、一方から見れば、お互いのかなり永い間の沈黙の内的交渉は、今さらに慎重な態度をとるというほどの必要を認めないまでに進んでいたのだ。

けれども僕らは、二人の間のこの必然的な恋愛にはいってしまった上は、さらにこの交渉をできるだけ厳密に深入りさせて行かなければならない。

――――

野枝さん。

ずいぶん御無沙汰をした。また怒っているのだろうね。

きのうは朝からのお客で、夕方になって幾度目かの新しい客が来ている時に、思いがけないあるハガキに驚かされた。それは、いつか書いた僕の幼な友達からのもので、その亭主が不意に死んだという知らせだった。

すぐ二本榎のその家まで行って、とうとうけさまで一睡もすることができなかった。朝飯を食うと、午後の三時に葬式が出るまでの間のつもりで、神近のところへ行って寝た。そしてすっかり寝こんでしまった。

葬式にも間に合わず、それに今晩はあるフランス人と会うはずになっていたので、夕飯前に神近と一緒に下宿に帰った。

あなたからの手紙と原稿とが来ている。大いそぎで読んだ。なかなかよくは書けている。感心もした。しかし、まだよほど物足りないものがある。もう少し長く書かなければいけなかったのだね。孤月との三人の会話のところは大ぶダレていた。あそこはちょっとカイつまんで書いて、もっとほかのところへあれだけのページを費した方がよかったのだろう。あの夜の二人、ことに孤月に対するあなたの反感が、あそこをあんなにまずく書かしたのだね。

原稿はすぐ送っておいた。

――――

今、フランス人のところから帰ってきた。そしてきのうのひる、ちょっとのひまに書きかけた手紙をそのままにしておいた。この手紙を続ける。

実は、あのあとへ、御宿でのあなたに対する僕の不平を書くつもりでいたのだ。しかし、何もかも、あなたには十分に分っていることなのだから、今さら書く必要もないと思ってよした。ただ僕らは今からは、本当によく話し合いさえすればいいのだからね。

けれども、今も言ったように、今さら書く必要もないと同じく、会うとやはり、今さら話す必要もないと思って、僕の方でもずいぶん黙ってしまう。そして無駄話や、恋のたわむれにばかり陥ってしまう。あなたにだって、あなたのいわゆる悪い癖のほかに、やはりそんな気持が大ぶあったのだろう。

僕ら二人の、今までの悪いことの大部分は、前にも言ったように、二人があまり好き合っていたことと、その大好きなことを本当に言い現す機会がなかったこととに帰する。

とにかく、大阪の原稿*が済んでよかった。あとは『女の世界』のきりだね。

僕の方だって本当に早く会いたい。一日も早く迎いに行きたい。

いろいろお望みのものも待っていることだろうとは思うのだが、あちこちのアテがみんな外れてしまうものだから、僕もまだまるで無一文でいる始末だ。僕の半年あまりの怠惰は、金の上のことでは、もうすっかり僕を行きつまらせてしまったのだ。それに、一方には仕事を早くしなければということがあるものだから、行こうと思うところへもちょっと出かけにくい。

この手紙が着く頃には、もう『女の世界』の方の原稿もすんでいるだろう。ちょっと電話をかけてくれないか。大阪の方でもうまく行けばいいのだが、そうでないと、至急何とかしなければならんからね。実は、きょうまでに間違いなくできるはずのが一口あったのだけれど、向うでもやはり他の人から来るのをアテにしていたが、駄目になってしまった。しかし、まだ一口は、話してみるところがある。

けれども、そんなにして、早くあなたを迎えたところで、すぐにまた、あなたは大阪へ行ってしまうのだね。そして、きっと当分は閉じこめられてしまうのだね。

ねむいからもうよそう。

＊大阪の原稿――辻との離別、大杉との交際をテーマにして『大阪毎日新聞』に寄稿する原稿。同紙の承諾をとり、御宿滞在はその執筆のためだった。しかし約束に反し、のちに文芸部長の菊地幽芳より称賛の辞を付けて送り返された。『女の世界』が発禁になった影響であろう。野枝の目論見は潰え、やがて大杉のところに転がりこむことになる。

キッスはツメタかった　伊藤野枝宛　六月七日

きょうは、今まで誰にも邪魔されずに、仕事をした。ひるすぎに、ちょっとひる寝をしようとしているところへ、お手紙が来たが、瞥見しただけで眠ってしまった。

二人でおなじようなことを言っているのだね。会いたいことは早く会いたいし、しかも、会ってしまえばまたしばらく会えないのだからつまらないなぞと。本当に、お互いに、ずいぶんつまらないことばかり思っているのだね。

きのうの手紙に、書こうと思ってツイ忘れてしまったが、永代静雄のやっている『イーグル』という月二回かの妙な雑誌があるね。あれに面白いことが書いてある。「自由恋愛実行団」という題の、ちょっとした六号ものだ。「大杉は保子を慰め、神近を教育し、しこうして野枝と寝る」というような文句だった。平民講演の帰りに、神近や青山と一緒に雑誌店で見たのだが、神近は「本当にそうなんですよ」と言っていた。青山はあなたが僕に進んできて以来、僕らの問題についてはまったく口をつぐんでしまった。先日も『女の世界』を借してくれというから、「あなたはもう僕らの問題には興味がないはずであったが」とひやかしたら、「でも、せっかくみなさんがお書きになったのだから」とごまかしていた。

「保子を慰め、神近を教育し、しこうして野枝と寝る」はちょっと面白いだろう。

前には、自分ばかりが悪口を言われているのを不審がっていたようだったが、こんどはかえって痛快がっているようだね。どうせ、あなたが一番わるいのだから、何と言われても仕方がないよ。

いつか、安成二郎が日向きん子のところへ行ったら、大杉に対して女の反対同盟をつくるといい、と憤慨していたそうだ。また、田村俊子は、『女の世界』を見て、さすがに女の人達は可愛らしい、だが大杉だけは本当に憎らしい、と言っていたそうだ。それから徳田秋声は、野枝という女は本当に恋の天才だ、とほめたんだかどうだか、それは分らない。とにかく『女の世界』以来、僕の評判はすこぶるわるいようだ。ずいぶん不聡明な書き方だから、もっとものことじゃあるがね。しかし、そんなことは、どうでもいいや。お互いに、ウンと可愛がり、可愛がられてさえいればね。

原稿は、言われなくても、きのうのうちに菊地の名で送っておいた。あの中の日比谷でのことね、しばらく忘れていたが、あれを読んでから、またいろいろとこまかいことを思い出す。あれにも書いてある通り、あの時のあなたのキッスは、ずいぶんツメタかった。「どうしてこんなに冷たいんだ」とも言ってみたように覚えているが。本当にあなたは、ずいぶんいたずら者なのだね。そして反対に僕のことを、あなたをカラカッタのだなぞと、あとで思っていたのだね。虫のいいおバカさん。

いつかの手紙に、あとの方にはもっと悪いことが書いてあるとあったが、そのことを言ったのじゃない？　しかし、例の甘酒進上の時のようには、もう怒りもどうもしなかった。ただ、そんな風に思わせた僕の態度の軽々しさを、あなたにおわびしなければならないと思うだけだ。ずいぶん神妙な心がけだろう。

あなたとのキッスの一番あつかったのは、僕が御宿を去る日、あなたが泣いてしたことがあったね、あのときのキッスだった。

ああ、もうよそう。あなたの真似をして馬鹿ばかり書きたくなるから。

栄

野狐さん

狐さんというのは、保子のオリジナルではなくて、あなたの一名を、かつてから野狐というのだそうだ。出所は話さないが、いずれ山田からのほかはあるまいし、その山田の本元もきまりきっている。あなたにはそんな覚えが少しもないの？　いい名だね。僕もこれからはそう呼ぶことにしよう。

神近の旧作ものを読んだ　伊藤野枝宛　六月二十二日

馬鹿に暑いもんだから、ひるのうちは出る気になれず、ウンとひる寝をして、今ようやく下宿に帰ったところだ。用事はやっぱり本のことだった。都合によると、六冊ばかりの、下らない伝記物を引き受けることになるかも知れない。

あれからどうした？　僕は、あなたにあんまり泣かれたものだから、妙に頭痛がしてきて、汽車の中でも、いつものようには眠れないで、例の眼と眼との間のところを左の中指のさきで圧《おさ》えたまま、渋い顔ばかりしていた。途中でこちらへ電報をうつつもりで、頼信紙を一枚用意してきたのだけれど、大原を通ってからは頭痛がますますはげしくなって、ついにその気にもなれなかった。

神近の家へ行ってからも、神近はしきりに何やかやと話ししたがるのだが、済まないとは思いながらも、それに乗る気持にはなれなかった。汽車のつかれも大ぶ手伝ってはいたのだろうが、そしてついには、大きな声を出して、怒鳴りつけさえもした。

けさ起きてからも、まだその頭痛がとれないで、やはりしきりに話ししたがるのを圧えつけて、黙って、寝ころんで本ばかり読んでいた。そして、神近の旧作ものを、初めて三つ四つ読んだ。

今、この手紙を書きながらも、少しも気持の回復ができない。ハッキリと物事を考える、したがって書く力すらも出てこない。

あしたの朝は、眼をさますとすぐ、あなたの手紙が枕元に来ていることと思う。そして、それを読んで始めて、いい気持になれるのだろうとたのしんでいる。ゆうべは、お願いしておいたように、きっと手紙を書いたのだろうね。今はもうあしたの朝のそれをたのしみにして、早く寝たい。床にはいって、留守の間の新聞でも拾い読みしながら、眼を疲らして、早く眠りたい。

大阪の方も九州の方も、今日はまだ、たよりがなかったろうか。何だか僕には、都合のわるそうな予感ばかりされる。とにかくここまで帰って来るのに、本当にいくらあればいいのか。今こちらでは三十円ほどなら、すぐにもできそうな気がする。あしたかあさってかは一つ当ってみるつもりだ。もしあさってまでにどこからの返事もなかったら、電報を打ってくれ。そして日曜日までには、きっと帰るようにしてくれ。

僕はもう、あんなところに、とてもあなた一人を置けない。

恋の惑溺から出る時期　伊藤野枝宛　六月二十五日

朝起きてみても手紙は来ていないし、ガッカリして、仕方なしに仕事でも始めようかと思っているところへ、来た。

本当にあなたは、どこへも行かずに、東京にいるのが一番いいのだ。僕にも、そのことが、しきりに考えられていた。今のあなたと僕とは、とても永い間離れていることはできないのだ。大阪や九州へは、もし是非とも行かなければならぬものであったら、半月ぐらいの間にいっさいの用を済まして来ることはできないものだろうか。そしてあなたは、できるだけ早く、あなたの勉強なり仕事なりに取りかからなければいけない。あなたがブラブラしている間は、僕もやはり、なんにも手がつかない。そして二人は、恋の戯れにのみ惑溺していなければならない。

しかし僕は、少なくとも今日までは、あなたとの恋の惑溺に、少しも不快や悔恨を感じているのではない。むしろ溺れるだけ溺れてみたいと思っているくらいなのだ。僕は、あなたとの惑溺には何の不安をも持たない。けれども、もうお互いにその惑溺から出てもいい時期じゃあるまいか。その恋の戯れを、一日のうちのある時間とか、一週のうちの幾日とかに短縮してもいい時期じゃあるまいか。

僕も、僕自身の仕事を始めるという自分への約束の時が、もう大ぶ間近に迫っている。早く、いろんな俗事の整理をつけてしまわなければならない。いつかもあなたに言った、あなたに冷淡になるときがいよいよ来たように思う。

辻君*や子供のことは僕には少しも愚痴だとは思えない。よし愚痴だとしたところで、何の遠慮もいらない愚痴だと思う。そして僕は、そのいわゆる愚痴を、折があらばあなたの口からもらして貰いたかったのだ。いつかも、上の児《こ》のことを話し出してあなたを泣かしたことがあったが、そしてそれはあなたばかりの問題ではなく、等しくまた僕自身の問題なのだと言ったことがあったが、あの時にも僕はあなたに十分に話して貰いたかったのだ。先日辻君のことを話し出したのも、やはり同じ意味からであったのだ。

あなたと辻君とは、またあなたと子供とは、他人になってしまう必要は少しもない。あなたは、辻君に対しては、十分にあなたの気持を話しておかなければいけない。下の児を預けた通知を出すときには、是非ともそれをしなければいけない。そしてこんど東京に帰ったら、何よりもさきに、辻君とも、子供とも会ってみるがいい。少なくとも子供とは、今後も始終会うようにするがいい。そしてもしできれば、あなたの手許《てもと》におく方法を講じるのが一番いい。

僕は、あなたに十分愚痴を聞いて、そしてこんなことまでの相談をしてみたかったのだ。あなたとしては、そんな相談をしかけられることは、不快な侮辱のようにも感ぜられるかも知れないが、しかしそれは少々コンヴェンショナルな感じ方じゃあるまいか。少なくともあなたは、あなたの愚痴は、誰よりもさきに僕にもらさなければいけない。

金のことだってそうだ。そんなつまらない遠慮をされていてはいやだ。いつも言うように、僕は決して、自分でいやな無理はしない。神近だって、あなたのためではなく、僕のためにしたことなのだ。そしてまた、そのために、僕が帰らなければならぬということは少しもなかったのだ。現にあの朝も神近への手紙に、土曜日までは帰れないと言っておいたのだ。

神近はよほど怒っていた。御宿へ来た手紙などは、その気焔当るべからざるものがあった。しかしそれも、けさは帰れるか、あすは帰れるかと、ツイ手紙を出すのを怠った、僕の罪なのだ。事情が分らなければ、誰だって怒るのに無理はない。
宮田からの辻君の仕事は、ミルの『婦人論』にきまったそうだ。

いつまでもいつまでも書いていると、仕事の方がおくれるから、いい加減でよそう。仕事も、すっかりなまけてしまったので、今日からはまた夢中になって始める。こんどこそは、よしあなたが帰ってきても、あなたのことは向いの室《へや》に閉じこめておいて、ロクにお相手もしないでコツコツやってみせる。その覚悟で、金ができたらすぐに、本当に早く帰っておいで。

＊辻君――辻潤（一八八四〜一九四四）。上野高女で教師のとき、教え子の野枝と恋愛、結婚。シュティルナーやダダの思想を紹介。晩年は尺八で門付けをする放浪生活だった。

保子が病気だから　伊藤野枝宛　七月十四日

雨にうたれたせいだろう。とうとう本物のかぜになってしまった。きょうは一日寝て暮した。もっとも、他にあたまを混乱させた事柄もあったのだけれど、とにかく、きょうはもう手紙を書く元気もひまもない。

今、四谷からの電話で、保子が四、五日前から病気で寝ているということだから、出かけてゆく。あしたは必ず書く。

もう大阪も二日になるが　伊藤野枝宛　七月十五日

ひる頃、四谷から帰ってみると、途中からのハガキが二本ついている。

あなたもいよいよ尾行につかれる身分になったのかな。おはずかしい次第だろう。この光栄に報いるためにだって、本当にしっかり勉強しなくちゃならないね。でも、あなたに分るような尾行じゃ、よっぽどぼんやりした奴なんだろうね。本当に、もしうるさいことをしたら警察へウンと怒鳴りこむがいい。

哲学*があったのはよかった。しかし、あんな小さなものでは、一、二時間のうちに読み終ってしまったろう。

和気へは、下宿へ帰るとすぐ電報をうっておいた。お迎いに出たろうね。もし記事にするとすれば、今日の新聞には出るのだろうが、あした出る新聞がたのしみだ。妙なもので、あなたが大阪へたってからは、あの『毎日』*になつかしみが出てきた。

もう大阪も二日になるが叔父さん叔母さんの御機嫌はいかが。大ぶ屁理屈をきかされたことだろうね。

ゆうべは保子のところへ行った。四、五日前に、ふと何の病気ともつかずに四十度あまりの熱が出て、それ以来床《とこ》についているのだそうだ。そんな病気になっても、電話一つかけて来ないのだから、ずいぶん見かぎられたものだ。しかしゆうべは、不思議にも例の狐のキの字も出ないで済んだ。そしてけさは、僕の財布を見て、黙って一円札を一枚入れてくれた。

ゆうべは手紙に書こうと思って、よしてしまったが、実はあなたが出発したあとへ、ほんのちょっという約束で神近が来たのだ。そしてつまらぬことから物言いが始まって、やがて床を二つに分けて寝て、また朝になって前夜のつづきがあって、とうとう喧嘩別れに別れてしまったのだ。僕からは、ゆうべ、あたまが静かになったら遊びにおいでとハガキを出しておいたが、あちらからはまだ何とも言ってこない。どうなることやら。

また、こんないやな話をあなたに聞かせちゃった。しかし、この話で、うるさいからアメリカへ行ってしまうとか、あるいはしばらく東京へ帰らないとか、というようなことをきめてもらっては困る。

きょうはちょうど正午から始めて、この半ペラの原稿紙で四十枚書いた。今からまた、寝るまでにもう三十枚ほど書きたいと思っている。あしたからもこの具合で進んでくれるといいのだが。『文章世界』の七月号に、らいてふがちょっとしたものを書いている、あなたについてのものだ。読んでみるがいい。

本当に早く帰ってくるんだよ。

ずいぶんつまらない手紙だ。しかし書かないよりはましだろう。あなたからの手紙も、ついた日の夜書いたとすれば、もう着かなければならぬのだがね。

＊哲学――大杉の著書『労働運動の哲学』、一九一六年三月刊。

＊叔父さん――代準介。野枝の叔母・キチの夫。野枝の上野高女入学の希望を叶えた人。大杉から離れ、アメリカ行きを勧める。

帰っておいで　伊藤野枝宛　七月十六日

きのう出した手紙が二通ついた。

大ぶ弱っているようだね。うんといじめつけられるがいい。いい薬だ。あれほどの悪いことをしているのだから、それくらいは当り前のことだ。本当にうんといじめつけられているがいい。そして、ついでのことに、うんと喧嘩でもして早く帰ってくるがいい。そのご褒美には、どんなにでもして可愛がってあげる。そして二人して、力をあわせて、四方八方にできるだけの悪事を働くのだ。それとも、この悪事はあと廻しにして、叔父さんの言う通りにアメリカへでも行くか。そして二年なり三年なり、語学と音楽とをうんと勉強してくるか。

人間の運命はどうなるか分らない。何が仕合せになるのか、不仕合せになるのか、どちらとも判断がつかない。ただ後の方は今のところではあまりにつらすぎる。あっけなさすぎる。まだまだふざけ足りない。かじりつき足りない。しかし、そんなことも言っていられない場合なのかも知れない。いずれにしても野枝子の勝利だ。

僕はもう、野枝子だけには、本当に安心している。もし行こうと思うのなら、あと一と月か二た月かかじりつかしてくれれば、どこへでも喜んで送る。野枝子がどこへ行ったところで、野枝子の中には僕が生きているんだ。僕の中にも野枝子が生きているんだ。そして二人は、お互いの中のお互いを、ますます生長さすことに努めるのだ。

何だか、こんなことを書いていると、本当に今、野枝子が遠くへ行ってしまうような気がする。そしてそれを送るの辞でも書いているような気がする。ヒロイックな、しかしまた、悲しい気がする。そして無暗《むやみ》に野枝子のことが恋しくなってくる。

帰るのなら、いつだって決して早いことはない。すぐにでも帰ってくるがいい。来た上でのことは来た上で何とでもなる。とにかく、都合ができたらすぐ帰ってきたらどう？ 本当に、そんな叔母さんと二人ぎりでいるのじゃ、とてもたまるまい。僕だって、可愛いい野枝子をそんないやなところに置くのは、とても堪らない。帰っておいで。早く帰っておいで。一日でも早く帰っておいで。手紙を開封したような形跡があったら、警察へおしりをまくってあばれこんでやるがいい。

終日仕事にかじりついて　伊藤野枝宛　七月十七日

野枝子は今何をしているのだろう。叔母さんと向いあって、飯でも食いながら、愚図愚図とお小言の御馳走でも戴いているのだろうか。大阪へ行けば、本当に口に合ったおいしいものが食べれると、よく口癖のように言っていたのだが、いつか、かっちゃん*のところへ行ったときに、お小言を聞きに大阪へ行ってくる、と冗談に言っていたが、本当にそればっかりで行ったようなものだね。

ここまで書いたら、和気から『朝日』(大阪朝日)の夕刊を送ってきた。野枝子の満艦飾施をした頭というのは、どんなものだろうね。こんど帰ってくる時には、ぜひその満艦飾で来てもらいたい。

「吹出もののある可愛らしい顔」はいかにもいい。最後の「訳の分らないことまで述べ立てて引退った」は、みだしの「大気焔」というのにちっともふさわしくないね。

こんど帰ってくるときと言えば、ほんとに、いつ頃帰れるのかい。金をつくってからというが、その当てがあるのかい。こんどは、新橋で降りることにして、到着の時間を電報で知らしておくれね。

僕のかぜはもうすっかり治った。しかし暑いのと終日仕事にかじりついているのとで、頭のいたいのがますますひどくなってくる。翻訳だと手がまるで機械的に働いてゆくが、こんな手紙のようなものでも、いざ書くとなるとなかなか骨が折れる。野枝子でも帰ってこなくちゃ、とてもこの頭は治りそうにもない。ほんとに早く帰ってきておくれ。ね、いいかえ、野枝子。

今、荒川〔荒川義英〕と吉川〔吉川守邦〕とがやって来たから、これでよして、すぐ女中に出させる。

吹出もののある可愛らしい顔の野枝子へ。

＊かっちゃん——小林哥津。版画家・小林清親の娘。青鞜社に参加。野枝の友人。

福田徳三氏の経済学は進歩したもの　崎谷高司宛　七月二十二日

社会学や経済学で日本文のものではあまりおすすめしたいものはないが、福田徳三氏の経済学は日本では一番進歩したものかと思われます。社会学では、日本人の学者は皆無だが、文明協会発行ウォード氏応用社会学などは、翻訳物の中での一番いいものでしょう。

何か外国語をお読みですか。これによってもっと詳しいご返事をしましょう。

野枝子の九州行きの望み　伊藤野枝宛　九月一日

また大阪でそんなにいじめられているのか。ほんとに可哀そうな野枝子だね。ちょっと出て、もう少しばかりの金を都合すればよかったのだが、今日出立するという野枝子と少しの間でも離れるのがいやなのと、いやな奴のところへ金をかりに行くのがいやなのとで、とうとう愚図愚図してしまって僕がわるかったのだ。大阪へは寄らずにすぐ九州へ行ってしまいたい、とあんなに野枝子が言っていたのにね。

よっぽど痔をわるくしたものと見えるね。その後はどう？　また長い間の汽車に揺られて、いっそうわるくなってはいやしないか。

しかしそんなことで、杉田さんとかいう人にも会うことができたのだね。いつか叔父さんが汽車の中で会ったというあの人かい？

野枝子が痔で苦しんでいる間に、僕もひどい目に遭った。野枝子が立ったあの晩、どうしても寝つかれないので、遅くまで床の中で本を見ていたが、やがてウトウトすると、頸《くび》のところをひどく刺されたような気がして、びっくりして眼をさました。手をやってみると五つ六つの大きな瘤ができている。痛いのかゆいのって、何とも言いようがない。例の罨法剤《あんぽうざい》で冷やしてみたが、ぽっぽとほてる熱で、あのキレがすぐに生あったかくなってしまう。しばらくするうちに、まだ残っていた罨法剤も、みんなからになってしまった。それでようやく少しいい気持になって、あけ方になってまた眠りについた。

翌日は終日、頸のところが痛がゆくって何にも手がつかない。夜になって、また眠られぬままに床の中で本を読んでいると、いつの間にか眠ってしまって、こんどは腕のところをチクリとやられた。右の腕が四ヵ所、左の腕が二ヵ所、右の足くびが二ヵ所、左の腿《もも》が二ヵ所、頸にもまた新しいのが二ヵ所、都合十二ヵ所もやられている。ことに右の腕などは、ほとんど一面に赤く腫れ上っている。

僕は、プリズンでの経験から、すぐにそれが南京虫の仕業であることが分った。とうとう一と晩寝ずに、もっとも寝ようと言っても苦しくて眠れるものじゃない、ようやく小さな南京虫を一疋見つけ出した。

そんなことで、それ以来は、四谷へ行って保子の看護を受けていた。

仕事は、『男女関係の進化*』の、序文と目次とを書いただけ。

あの高山〔高山辰三〕という男はいよいよいやな奴だね。いつか逐い帰したあの日だ。その足で四谷へ行って、今二人が妙にふくれ面をしてにらみ合っていたが、やがて泣き面の野枝に逐い出されてきたというのだそうだ。ほんとにバカな奴だね。

それから、生田花世*までが、たぶん山田の家で会ったのだろうと思うが、いろいろ余計なおしゃべりをして行ったそうだ。ほんとうにうるさい奴らばかりだね。

きのうは、もう野枝子から手紙が来ている時分だろうと思って、下宿へ帰ってみた。はたしてハガキが二通きている。ゆうべは、向いの室《へや》で無事に寝た。けさは待っていた手紙が来た。

野枝子は、大阪を立つ時に電報をうつから、そうしたら手紙を書いてくれ、と言うのだが、僕にはとてもそれまで待っていられない。お許しが出た以上は、とにかく書くだけでも書いておきたい。それで、あの手紙を見て、すぐさまこの手紙を書き始めた。これだけでも「野枝子はこれっぽちで僕はこれだけ」ということがよく分るだろう。

ほんとに僕は、手紙を書けないことがどんなに苦痛だったか知れない。いっそ毎日、日記のようにして書いておいて、いざという時に小包にでもして送ろうかとも思ってみたが、何だか少々気がひけて、そんなこともできなかった。野枝子が立った晩も、その翌晩も、ただ野枝子のことばかり思われて、どうしても寝つかれなかったのだ。

ほんとに僕は、幾度も言ったことだが、こんな恋はこんど始めて知った。もう幾ヵ月もの間、むさぼれるだけむさぼって、それでもなお少しも飽くということを知らなかったのだ。というよりはむしろ、むさぼるだけ、ますますもっと深くむさぼりたくなって来るのだ。そしてこのむさぼるということに、ほとんど何らの自制もなくなっているほどなのだ。

その野枝子としばらくでも離れるのだ。しかも、お互いにしばらくでも音信なしでいようというのだ。僕と同じ思いの野枝子には、僕がどんな思いをしてその後の夜を明かしたか、今さら言う必要もなかろう。

それに野枝子のこんどの九州行きは、なおさらに野枝子のことを僕に思わせるのだ。

野枝子が早く落ちついて、ほんとうに野枝子自身の生活にはいること、これが今の野枝子に対する僕の唯一の願いなのだ。はたしてこんどの九州行きは、野枝子の望み通りにそれを果たすための方法をつくってくれるだろうか。また、野枝子のもう一つの目的が、はたしてうまく達せられるだろうか。

この二つの目的が達しられさえすれば、野枝子も僕も、すぐに新しい生活にはいることができるのだ。

しかしね、野枝子、もしうまく行かなかったら、あせったりもがいたりするよりも、何よりもまず早く帰っておいで。野枝子自身のことは二人で少し働けばすぐにも何とかなるのだ。あとの目的の方だって、もう少しの間待てばいいのだ。

けれども、うまく行ってくれれば、ほんとにありがたいのだがね。野枝子もこんなに一生懸命になって奔走しているのだもの。

僕はきょうからまた、うんと仕事にとりかかる。

もう昼近くなった。野枝子からはいつ電報が来るのだろう。(三十一日)

けさ、この手紙の続きを書こうとしていると、真人道教祖・井伏太郎という男が、久しぶりでやってきた。あらゆる方面の日本人という人物の字を集めるのだから、何か書いてくれといって扇を出す。仕方がないから、「目下のところ恋愛三昧」と書いてやった。先生すっかりしょげて帰った。

帰ると電報が来た。どうした間違いか、オホスギカタ、スギエ、とある。
とにかくすぐにお待ちかねのこの手紙を送ることにしよう。

＊『男女関係の進化』――ルトウルノ著の翻訳。この時期、大杉の名では出版できず、社会学研究会訳（春陽堂）として刊行された。

＊生田花世――詩人・作家の生田春月の妻。『青鞜』同人。大杉らの死後、大杉の二女・エマ（幸子）を異父兄のまこと・流二に引き合わせた。

一九一七・大正六年

女の子が生れた　安成二郎宛　九月二十八日

一昨々日、女の子が生れた。まだ名はきまらないが、僕は魔子と主張している。女中はなし、忙しくてやりきれない。

原稿（『女の世界』十月号「世話女房」）は明日書く。それで間に合うだろうか。

III 労働運動へ

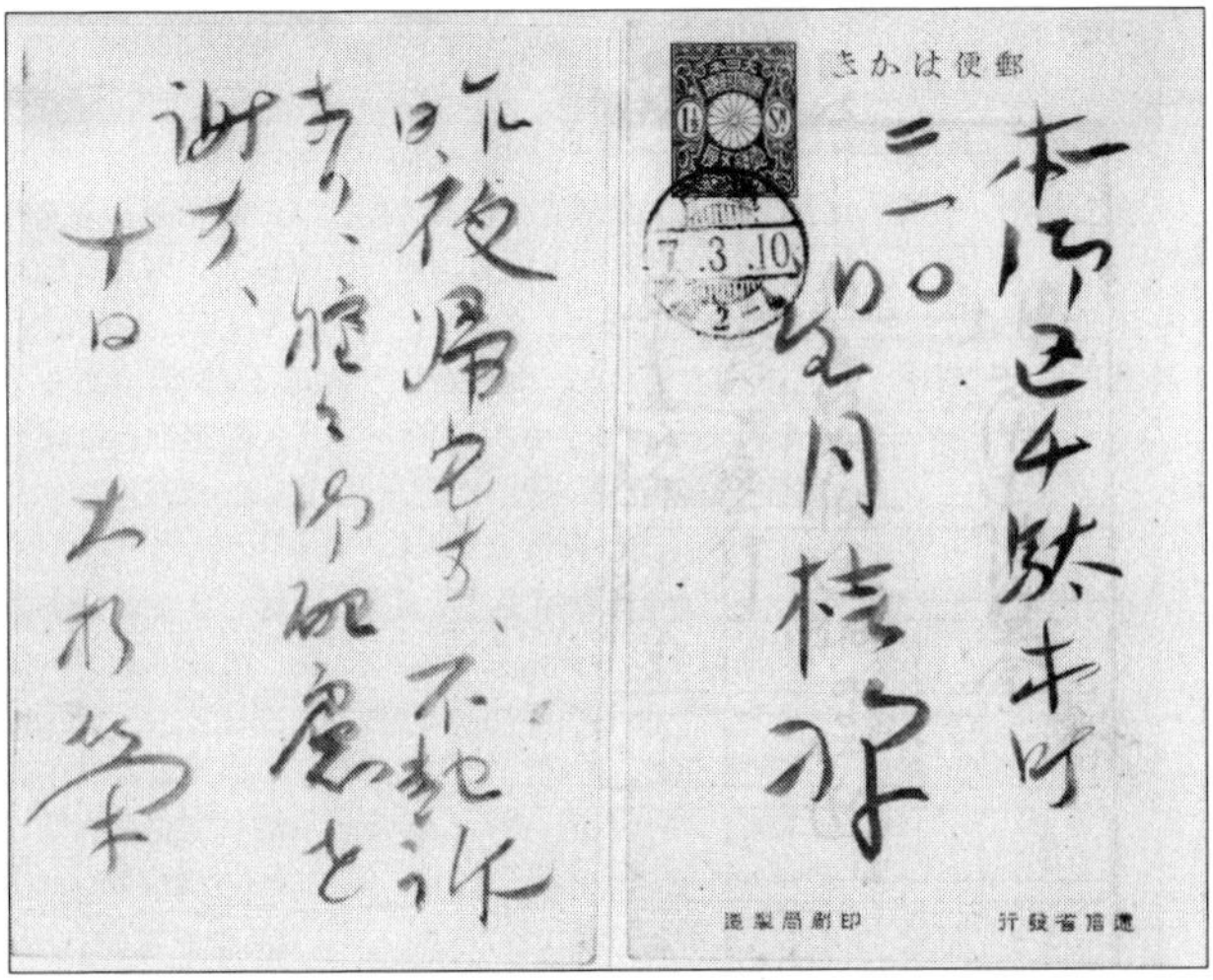

望月桂宛書簡・1918年3月10日

略 年 譜 Ⅲ

1918（大正7）年	33歳	5月，和田久太郎・久板卯之助と『労働新聞』を発行，しかし連続発禁。8月，九州旅行の帰途，大阪で米騒動，部分的に加担する。
1919（大正8）年	34歳	1月，同志集会を「北風会」と合同。「演説会もらい」闘争を盛んに行う。10月，第一次『労働運動』を発刊。活版印刷工の争議支援。12月，尾行巡査を殴打した5月の事件により，豊多摩監獄に入獄（3ヵ月）。
1920（大正9）年	35歳	4月，関西の活動家集会を歴訪。8月，日本社会主義同盟の創立計画に参画，発起人になる。10月，上海へ密航，コミンテルンの極東社会主義会議に出席。
1921（大正10）年	36歳	1月，第二次（週刊）『労働運動』にボル（共産主義）派を加え，共同戦線。2月，肺患の重病で聖路加病院に入院。ボルとの共同を止め，12月，第三次『労働運動』を発刊。
1922（大正11）年	37歳	2月，九州・八幡で演説会，大阪で活動家集会。8月。自由労働者同盟結成。9月，日本労働組合総連合の創立大会に出席。

一九一八・大正七年

不起訴なり　望月桂*宛　三月十日

昨夜帰宅す、不起訴*なり、種々ご配慮を謝す。

（個人所蔵）

＊望月桂――一八八七〜一九七五。東京美術学校（現・東京芸術大学）出の画家で、民衆美術運動を実行した。大杉と意気が合い、同志集会に参加、機関誌の挿絵などを引き受けた。大杉との共著『漫文漫画』がある。

＊不起訴――三月一日、「とんだ木賃宿」事件が起こり、同志三人と日本堤署、警視庁、東京監獄と勾留されたが、九日、不起訴になり釈放された。例会（労働運動研究会）の帰り、深夜の出来事である。労働者風の男が酒場の窓を誤って壊したのを警官らに咎められている場面に遭遇、大杉が中に入り、「弁償は僕がする。それで済むはずだ」というと周りの者は承知したが、警官だけが「貴様は社会主義だな」と食ってかかり、結局一緒にいただけの三人もろとも留置場に押し込まれてしまう。これだけの些事で八日間勾留された。望月ほか留守中世話になった人に礼状を送った。

大へんな傷をしたんだってね　安成二郎宛　六月二日

大へんな傷をしたんだってね。その後はいかが。きのうか、『時事』で初めて知った。

門司から大阪、東京へ　大石七分宛*　八月二十日

最近十数日を左記のごとくに夜を送り申候。いずれもみなお蔭様《かげさま》にて結構至極のところに御座候。まずは帰京旅費の無心後、金だけは黙って貰っておいて、今日まで音信不通のおわびをかね、近状ご報知まで。

八日。門司から神戸まで、船、親子三人水入らずの一室にて。

九～十日。大阪某旅館にて。親子二人はこの翌日帰京。

十一～十四日。米一揆の巷の中にて。ただしその一夜は某待合にて。これは近くお目にかかった上で、詳しくかつ面白くお話申すべく候。

十五日。大阪から東京まで。

十六～十九日。板橋警察署楼上にて。これは数日続くやも知れず候。暴徒と見誤られて危禍に陥らざらんよう、特にかくまっておいてやるとの、ありがたい思召《おぼしめし》に候。

板橋署にて

注　大杉と野枝は七月中旬、金策のため、福岡県今宿の野枝の実家を訪問、八月六日まで滞在した。

七日は下関、それ以降がこの書簡にある「門司から神戸まで」の船旅。大阪で米騒動の渦中に遭遇して一部に加担。十六日、東京に帰着するが、やはり米騒動で、板橋署に予防検束された。

＊大石七分――一八九〇〜一九五九。大逆事件の刑死者・大石誠之助の甥。文化学院を創設した西村伊作の弟。七月に雑誌『民衆の芸術』を発行、大杉が編集の協力。時々に大杉を経済的に支援した。

一九一九・大正八年

東京監獄で一睡もできず　伊藤野枝宛　八月一日

はじめての手紙だ。

まだ、どうも、本当に落ちつかない。いくら馴れているからと言っても、そうすぐにアトホームとはいかない。監獄は僕のエレメントじゃないんだからね。まず南京虫との妥協が何とかつかなければ駄目だ。次には蚊と蚤だ。来た三晩ばかりは一睡もしなかった。警視庁での二晩と合せて五晩だ。しかし、いくら何だって、そうそう不眠が続くものじゃない。何が来ようと、どんなにかゆくとも痛くとも、とにかく眠るようになる。今では睡眠時間の半分は寝る。

どんなに汗が出てもふかずに黙っている僕の習慣ね、あれがこのかゆいのや痛いのにも大ぶ応用されてきた。手を出したくて堪《たま》らんのを、じっとして辛棒《しんぼう》している。こういう難行苦行の真似も、ちょっと面白いものだ。蚊帳の中に蚊が一匹はいっても、泣っ面をして騒ぐ男がだ、手くびに二十数ヵ所、胸に十数ヵ所、首のまわりに二十幾ヵ所という最初の晩の南京虫の手創《てきず》を負うたまま、その上にもやって来る無数の敵を、こうして無抵抗主義的に心よく迎えているんだ。僕にはこうしたことのちょっとした興味がある。

次には食物との妥協だ。監獄の御馳走なら、どんなものでも何の不平なしに、うまくと言うよりはむしろ心地よく食べる。それだのに、差入弁当となると、何とかかんとか難くせをつけたい。そして、こんなものが喰えるか、と独りで口に出して、大がい半分でよしてしまう。きのうからようやく昼飯の差入れがはいらなくなった。お蔭《かげ》で監獄のうまい飯が食えた。久板が豆飯豆飯と言って喜んでいたが、そのはずだ。いゝゝんげんがうんとはいっているんだ。この食物の具合からだろう、大便が二日か三日に一度しか出ない。監獄にはいるといつも、最初の間はそうだ。そして、それが、一日に一度と規則正しくきまるようになると、もうしめたものだ。その時には、何もかも、すっかり監獄生活にアダプトしてしまうのだ。

本だってそうだ。今の間はまだほんのひまつぶしに夢中になって読んでいるが、その時になれば、ちゃんと秩序だった本当の落ちついた読み方になる。

注　五月に尾行巡査の監視方法に抗議して、腹立ち紛れに殴った一件は不問になったはずだった。が、大杉を獄につなぎたい警視庁は、はじめ、下宿代未払いなど家宅侵入兼詐欺罪で検挙したが、不起訴になったので、二ヵ月後になって傷害事件としてむし返した。七月下旬から三週間収監。東京監獄未決監からの第一信である。

きょうもまた裁判だ　伊藤野枝宛　八月八日

シーツがはいってから何もかもよくなった。あれを広くひろげて寝ていると、今まで姿の見えなかった敵が、残らずみんな眼にはいる。大きなのそのそはっている奴は訳もなくつかまる。小さなぴょんぴょん跳ねている奴も、獲物で腹をふくらして大きくなっているようなのは、すぐにつかまる。こんな風で毎晩毎晩、幾つぴちぴちとやっつけるか知れない。蚊の防禦法もいろいろと工夫した。

差入れの飯にもなれた。もう間違いなくみんな食べる。そしてかなり腹へはいる。大便も日に一回になった。もうこれですべてがこっちのものになったのだ。

「あんなに痩せて、あんなに蒼《あお》い顔をしていちゃ」と大ぶ不平のようだったが、どうも致し方がない。あの暑い日に、二十人ばかりがすしのように押されて、裁判所まで持ち運ばれたのだ。途中僕は坐る場所がなくて、人の膝の上に腰かけていたくらいだ。

実際、向うへ着いた時には、自分で自分が死んでいるのか、生きているのか分らなかった。二、三時間ばかり寝て、ようやく正気がついた。それから一日狭い蒸し殺されるような室《へや》に待たされていたんだ。

きょうもまた裁判だ。ほんとうにいやになっちまう。面倒くさいことは何にも要らないから、何とても勝手に定《き》めて、早くどこへでもやってくれるがいいや。

ここまで書いたら、いよいよ出廷だと言って呼びに来た。さよなら。

保釈がゆるされた　伊藤野枝宛　八月十日

知れてはいるだろうと思うが、念のために言っておく。保証金二十円で保釈がゆるされた。今日は日曜で駄目だろうが、明朝早くその手続きをしてくれ。

ハガキにVのしるしがあるが　伊藤白刀＊宛　十月九日

先日は留守で失礼。大阪行はヤメ。何かそちら（静岡をさす）で面白いことがあったらお知らせを願う。

それから、先日のハガキの表の上の方に、赤いインキでVというしるしらしいものがあるが、あれは君がつけたのだろうか。外《ほか》にもそんなあやしいのがあるから、ちょっとお伺いする。

きょう新聞（『労働運動』）ができる。すぐお送りする。

＊伊藤白刀――伊藤憲（一八九五〜一九四五）。明治大学在学中に大杉を知り親炙。第二次『労働運動』静岡支局を開設。労働文学の作家として活躍した。

信友会の八時間労働運動　中村還一、和田久太郎、村木源次郎宛　十月十九日

そちら（関西をさす）の諸君によろしく。

大ぶ面白そうだな。通信をどしどし寄越してくれ。原稿を書くとなると、どうも堅くなっていけないが、手紙だと自由でいい。その手紙を集めたものが次号（『労働運動』一次三号）の原稿になるようだと、お互いに世話がなくっていい。

かぜが治らんので気持が悪くて仕方がない。ゆうべは徹夜で三ページばかり書いた。今夜もう一晩徹夜して二ページやっつける。それで全部おしまいだ。

信友会の八時間労働運動*が決死的になりそうだ。こっちだって面白いぞ。嵐山の夢なぞばかり見ていると、吉田*にうんと叱られるぞ。

源ちゃんはどうしているんだ。ボルガ団*にすっかり惚れこんじゃったな。

キリスト（久坂卯之助）はどうしているんだ。

けいちゃんは一日でおひまになった。近藤は相変らず影が薄い。

注　第一次『労働運動』第一号を六日に発刊。取材のため関西に出張している社員の三人に宛てた報告の書簡。大杉がタブロイド判十二ページのうち、五ページ分を担当しての奮闘ぶりが分かる。誌上で大杉が社員紹介をしており、中村は「二十二歳、時計工」、和田は「二十七歳、人夫」、近藤憲二は「二十五歳、早稲田大学政治科卒業」とある。いずれも最も近しい同志である。なお、和田と村木は、大杉の死後、復讐を志して福田大将狙撃を実行するが果たせなかった。

＊信友会の八時間労働運動――活版印刷工組合・信友会は八時間労働制を要求して十七日からストに入り、大杉らも支援。闘争は一ヵ月も続いたが、惨敗に終わった。

＊吉田――吉田一《はじめ》。同志集会に参加。この年、労働者相談所を開設。のちに大杉のアナ・ボル共同『労働運動』に対抗して、『労働者』を発行した。
＊ボルガ団――労働者幹部の養成を目的とした先進的労働者の集団。友愛会京都支部所属。

本屋と交渉の注意　安谷寛一＊宛　十一月七日

久しぶりだ。労働運動叢書＊発行のこと、和田〔和田信義〕を経ての話ではあまり気乗りもせぬが、君からとあれば大いに骨を折る。ついては本屋との交渉だ。これはたぶん君は素人だと思うから注意までに知らせる。
一、稿料はどうなるか。そんなちっぽけなものだから特に四十円でもいいが、モットなんとかならぬか。本屋なんかに遠慮せずに談判すること。
二、印税はどうなる。普通一割半から二割くらいのものだが。
三、初版は無印税というようなこの場合、あとに影響する大事なことは、初版は何部刷るか再版はどう？　という風にきめるのだ。本屋という奴はまったくずるいのだから、最初にしっかり決めておかなければならぬ。
四、認印を貸したりせぬよう。まったくその辺が油断できぬのだから。
以上の注意にもとづいて決めた上、も一度通知してくれ。くり返し言うが、本屋なんかに遠慮することはない。最初の談判が大切だ。返事があり次第役割をきめる。言いおとしたが、定価の七十銭はあまり高くはないか?

＊安谷寛一――一八九六〜一九七八。フランス語が出来、大杉の仏語講習テキストに協力。労働運動社神戸支局を開設。のちにファーブル科学知識叢書の翻訳を受け持つ。

＊労働運動叢書――神戸堂書店(神戸)から出版予定で、労働運動社メンバーによる全十二冊、タイトル入り広告も出たが、出版に至らなかった。

一九二〇・大正九年

仕事はマッチの箱張りだ　伊藤野枝宛　一月十一日

この五日からようやく寒気凛烈。そろそろと監獄気分になってきた。例の通り終日慄《ふる》えて、歯をガタガタ言わせながら、それでもまだ風一つひかない。朝晩の冷水摩擦と、暇さえあれば屈伸法＊とで奮闘している。屈伸法のお蔭《かげ》か腹が大ぶ出てきた。

室《へや》は南向きの二階で天気さえよければ一日陽がはいる。見はらしもちょっといい。毎日二時間ばかりの日向ぼっこもできる。この日向ぼっこで、どれだけ助かるか知れない。この監獄の造りは、今までいたどこのともちょっと違うが、西洋の本ではお馴染の、あのベルクマンの本の中にある絵、そのままのものだ。まだ新しいのできれいで気持がいい。

仕事はマッチの箱張りだ。煙草と一緒にもらうあの小さなマッチで、本所の東栄社という、ちょうどオヤジと僕との合名会社のような名のだ《僕のオヤジは大杉東と言った》。一日に九百ばかり造らなければならぬのだが、未だその三分の一もできない。それでも、今日まで、二千近くは造ったろう。ちょっとオツな仕事だ。もし諸君がマズイ出来のを見つけたら、それは僕の作だと思ってくれ。

朝七時に起きて、午前午後三時間半ずつ仕事をして、夜業がまた三時間半だ。寝るのは九時。その間に本でも読める自分の時間というものは、三時の夕飯後、夜業にかかる前の二時間だ。夜業が一番いやだ。

本といえば、あとの本はまだかな。いつかの差入れは去年中にすっかり読んでしまって、この正月の休みは字引を読んで暮した。何分もう幾度も監獄へお伴してきている字引なので、どこを開けてみても一向珍しくない。あとを早く。(中略)

生れた(次女エマ)そうだな。馬鹿に早かったもんだね。監守長からの伝言でちょっと驚いた。まだろくに手廻しもできなかったろう。母子ともに無事だという話だったが、その後はいかが。実は大ぶ心配しいはいったのだが、僕がはいった翌日とは驚いたね。早く無事な顔を見たいから、そとでができるようになったら、すぐ面会に来てくれ。子供の名は、どうもいいのが浮んでこない。これは一任しよう。

魔子はパパちゃんを探さないか。もっともあいつはいろんな伯父さんがよく出て来たりいなくなったりするのに馴れているから、さほどでもないかも知れんが。いいおみやを持って帰るからと、そう言っておいてくれ。

雑誌（『労働運動』）はいかが。新年号は無事だったかな。少々書きすぎたように思ったが。とにかくもうかれこれ、二月号の編集になるね。

吉田はいつ出るのか忘れたが、もう間もなかろう。罰金はできそうか。先生、ここでも元気すぎるくらい元気がいいそうだ。

世間は無事かな。

誰々によろしくと、一々《いちいち》名を並べるのも面倒だから、会う人にはみんなよろしく。

きょうは日曜で、午後から仕事が休みなので、この手紙書きで暮した。何分筆がいいので、書くのに骨が折れてね。さよなら。

注　尾行巡査殴打事件は、警視庁刑事課長・正力松太郎の執念が実ることになり、大審院で懲役三ヵ月が確定。豊多摩監獄（のちの中野刑務所）からの往信である。
＊屈伸法——中学時代の柔道師範・坂本謹吾が東京に出て道場を開き、時々大杉を訪問した。その坂本先生から伝授された体力維持の健康法で、入獄のたびに実行した。

寒さじゃない痛さの辛辣　伊藤野枝宛　二月二十九日

四、五日前の大雪で、ことしの雪じまいかと喜んでいたら、また降り出した。それでも、今朝は晴れたろうと起きて見ると、盛んに降っているのでがっかりした。きょうは手紙を書くはずなのに、こんなことでは手がかじかんでとても書けまいと悲観していた。しかしありがたいことには急に晴れた。そして今、豚の御馳走で昼飯をすまして、頭から背中まで一ぱいに陽を浴びながら、いい気持になってこの手紙を書く。

実際この陽が当るか当らんかで人生観がまったく一変するんだからね。それだのにこの二月は、本当に晴れた日といってはせいぜい二日か三日しかなかった。それに毎年こんなに降っただろうか、と思われるほど雪が降った。コタツにでもあたってちらちら雪の降るのを見ていたら、六花ヒンプンのちょっといい景色かも知れないが、牢屋ではとてもそんな眺めどころの話じゃない。ちょっと眼にはいっただけでも、背中の骨の髄からぞくぞくしてくる。また、実によく風が吹いた。ほとんど毎日と言ってもいいくらいに、午後の二時頃になって、向側の監房のガラス戸がガタガタ言い出す。来たな、と思っている中《うち》に、芝居と牢屋とでのほかにあまり覚えのない、あのヒューッというあらしの声が来る。本当にからだがすくむ恐ろしい声だ。

監獄の寒さというのも、こんど初めて本当に味わったような気がする。以前の味は忘れてしまったのか、それともそれほどまでに感じなかったのか、こんなにひどくはなかったように思う。僕はよく風をひくと風にあたるのが痛い痛いと言って笑われていた。実際痛いのだ。それがここでは、そとにいたときのように人の皮膚の上っ面がヒリヒリするくらいでなく、肉の中までも、骨髄の中までもえぐられるような痛みなのだ。じっと坐っていて、手足の皮と肉との間がシンシン痛む。膝からモモにかけての肉がヒリヒリ痛む。腰の骨がゾクゾク痛む。顔の皮膚がひんむかれるようにピリピリする。頸《くび》から肩にかけて肉と骨が突き刺される。この痛みに腹の中や胸の中まで襲われちゃ大変だ、と思いながら、しっかりと腕ぐみをして、例の屈伸法で全身の力をこめて腹をふくらす。いい行だ。

毎日毎日こんな目に遭《あ》っていて、それで一年の冬の半分以上も寝て暮すからだが、風一つひかない上に咳一つたん一つ出ない。ただ水っぱなだけは始終出ているが。毎週一度くらいは胸に聴診器をあてて貰うが別に異状はないようだ。不思議なくらいだ。こんなにからだの具合のいい冬はもう十年余りも覚えがない。

もっとも、腸の方ではちょっと弱った。入監の翌朝からうまく毎朝一度通じがあるんだ。さすがにまだ夏の監獄の気が抜けずにいるんだと思って心丈夫に思っていたら、大晦日の晩から下り出して、とうとう本月の初めまで下痢で通した。ひどいんじゃない。毎日ほんの一回か二回かのごく軽い下痢なのだ。しかしちょうどこれと同じ下痢にかつて千葉で半年間いじめられたのだ。それがあと三、四年もたたったのだ。またかと初めの間は実に悲観したが、これもとうとう屈伸法で、かどうかは知らないが、とにかく征服してしまった。

この屈伸法のきかないのは霜やけ一つだ。ずいぶん注意して予防していたんだが、とうとうやられた。そして一月の末から左の方の小指と薬指とがくずれた。小指はもう治りかけているが、薬指は出るまでに治りきるかどうか。この創《きず》が寒さに痛むのはちょうどやけどのあの痛みと同じだ。一日のうちのふところ手をして本を読んでいる間と寝床にはいっている間とのほかは、絶えずピリピリだ。

天気のせいもあったが、この霜やけのお蔭《かげ》で、本月はまだ一度も運動にそとへ出ない。菜の畑のまわりの一丁ほどの間をまわるんだが、僕は毎日それを駆けっこでやった。初めは五分くらいで弱ったが、終《しま》いには二十分くらいは続いた。それ以上は眼がまわってくるのでよした。朝早くこの運動に出て、一面に霜に蔽《おお》われながらなお青々と生長してゆく、四、五寸くらいの小さな菜に、僕は非常な親しみと励みとを感じていたのだが、もうきっとよほど大きくなったに違いない。この監獄でシンパシイを感じたのはこの菜一つだけだ。

そんな、あれやこれやでこの二月は大分苦しんだが、日にちのたつのは存外早かった。ちっとも待たずに日が経ってきた。一月はずいぶん長かったが、そして社のことや家のことがいろいろと思い出されて出ることばかり考えられたが、そして汽車の音や何かが気になって仕方がなかったが、二月になってからは、もう社や家がどうなっているのか、まるで見当がつかなくなった。そして娑婆《しゃば》っ気が抜けて監獄っ気ばかりになった。終日たべ物のことばかり考えて、三度三度の飯時を待つより外《ほか》に、何の欲っ気もなくなった。毎夜二、三度はきっと眼を覚すが、気がついた時にはもう何かたべ物のことを考えている。寒くて眼がさめるのだか、腹がへって眼がさめるのだか、ちょっと分らない。

が、何のかんのと言ううちにあすからはいよいよ放免の月だ。寒いも暑いも彼岸までと言うが、そのお中日の翌日、二十二日は放免だ。どうかあまり待たずに早くその日が来てくれればいいが。下らんことばかり書いて、肝心の用事を書く場所がなくなってしまった。仕方がない。すぐ面会に来てくれ。そして、そちらからの手紙はそのあとにしてくれ。魔子、赤ん坊、達者か。

昨日は近藤（近藤憲二）を無駄に帰して済まなかった。手が凍えてとても書けないのと、あのペンにはもうインクがはいっていなかったのだ。本の背中の文字は野枝子に偽筆を頼む。

うちのみんなに宜《よろ》しく。

今二時が鳴った。日向《ひなた》ぼっこももう駄目だ。また今から屈伸法だ。しかし寒さじゃない痛さの辛辣さも、先月の雪以来少しは薄らいだようだ。そしてまた飯を待つんだ。さよなら。

叡山に登るつもりでいたが　宮島資夫宛　四月十三日

監獄からはバカに丈夫に、そしてバカにおしゃべりになって帰ってきた。京阪神に六日ばかりいて、きのう帰ってきた。

その間に是非えいい山（比叡山）に登るつもりで、もしどうしてもそのひまがなかったら、電報でも打って君に降りてきて貰うつもりでいたのだが、毎日毎日走り廻ってばかりいて、とうとうその日を予定することができず、そのうちに急用ができて帰ってしまった。

君に会っていつかの手紙の返事をすることがこんどの旅の重要な一要事であったのに、本当に残念だった。あのことについては、手紙では、どうも話しかねる。いずれまた近いうちに会う機会があるだろう。

本や雑誌はありがたかった。あのうち、ド・フリースのものはもう少し借りておくとして、あとはすぐお返しする。それで差支えはあるまいか。ド・フリースのは翻訳をするはずだ。

ド・フリースは全訳する　宮島資夫宛　五月三日

表記（神奈川県鎌倉小町瀬戸小路）へ転居。シェンス（クロポトキン著『近代科学とアナキズム』）ありがとう。僕の本が見つかったからすぐお返しする。僕の留守中に君に電報したのは、『改造』からの注文があったので、ウチで気をきかしたのだ。

例の問題*は、やっぱり僕は、ああ認める。というよりはむしろ、僕がその張本人なのだ。

ド・フリースは全訳する。あの本の前に出たミュテンション・シオリイ（『突然変異説』）というのよりは、あの本がよほどいいようだ。

こないだのハガキを見ると、さすがにお寺（比叡山上正覚院）にいるだけあって、大ぶ坊主臭いことが書いてあったね。

アナキズムのパンフレットを貸してくれないか。たしか君のところには二冊に合本してあったように思うが。

*例の問題――有吉三吉のスパイ事件。一九一三年以来、同志の活動に参加し、自宅を一時、集会場にもしていた有吉が、当局のスパイであったことが一九年末に発覚した。有吉をスパイと認定した

のは僕だ、と述べている。

小説は送ってみてくれ給え　宮島資夫宛　五月八日

坊主臭くなったと言ったのが大ぶ気になったものと見えるね。どうせ人間だ。その時に見たり聞いたり読んだりしたものの臭いがつくのは当り前だ。

小説は送ってみてくれ給え。持って行って話してみよう。『新小説』かあるいは『改造』かに。

小冊子の合本、今ついた。ありがとう。もう一冊の方も送って貰いたいな。どちらも本月中にはお返しする。クロの紹介をするんだが、本がないので閉口している。

毎日泊るところが違う　福富菁児宛　五月十六日

先月末、鎌倉へ引越した。停車場前で郵便物はよくつく。停車場を出てすぐ左に曲がり、二丁ほど行った右側の新しい家。当分は大がいそこにいる。今月バカに忙しいが、来月の初めになったら、そこへ遊びに来ないか。

きのう上京した。四、五日はこちらにいる。その間に会っていいのだが、毎日泊るところが違うのでちょっと困る。

有楽町の労働運動社は、かりに友人の家に看板を置いただけの事で、そこには滅多にいない。もっともそこで聞けば、僕が上京しているか鎌倉にいるかは大がい分る。そこは服部という洋服屋で、電話は丸の内一三七一。

（福富菁児「優しかった大杉栄」『文章倶楽部』一九二八年十一月）

翻訳は手がついていない　宮島資夫宛　七月二日

本は本当に済まなかった。実は、引越しの時、誰かに持って行って貰うはずにして、東京に残しておいてきたのだが。そして先日も、上京の際、至急持って行くよう頼んでおいたのだが。きのう東京へ行ったら、まだ持って行っていないので、お指図通り雑誌は松岡へ持って行くことに頼んだ。たぶんきょうは何とかしたことと思う。

シェンス・モデルヌ（前出『近代科学とアナキズム』）と小冊子集の一冊とは、一週間ほど前、和田久が帰阪の際、持って行って貰った。もし行ければ当人が持って行くはずだ。また、至急行けなければ郵便で出すはずだ。

ゆうべ、聚英閣の土居に会った。君の方へ送金するよう話したところ、数日前、神近が来て幾分か持って行き、なお二、三日中に残りの分も送るはずだと言っていた。それではその残りの分を至急頼むと言って別れた。それでまずまず安心した。

それから原稿の方は、最初『改造』に話ししたのだが、あの大きさではとても載せきれないというので駄目、その後、『新小説』へ持って行ったが、ようやく四、五日前に返してきて、やはりあの大きさではというので拒まれた。今、多少僕がおつき合いしている雑誌はこの二つきりだが、どうしよう。

僕の方の翻訳は、実は出獄後いろんな整理で纏《まと》まった金の入用から、あちこちのを前借で引受けたのだが、その後からだばかりメキメキよくなって、頭が少しも働かず、まだほとんど手がついていない。本月からはうんとやるつもりだ。が、その本月からが、もう二度も三度も続いているので、僕自身にもどうも当てにならない。

山の中に引込んでいては、ますます困るようになりやしないか。何とかして出てくる工夫を講じないか。麗子君によろしく。

まだ風が治らない　宮島資夫宛　八月六日
原稿はきのう東京へ持って行って貰った。まだ風が本当には治らない。このアタマのボンヤリは何か痛快なひとサワギでもなくっちゃ、ちょっと治るまい。

一九二一・大正十年

第二次『労働運動』発刊の告知　社会主義同盟*会員宛　年初
日本は今シベリアから朝鮮から支那から刻一刻革命を迫られている。

僕らはもうぼんやりしていることはできない。週刊『労働運動』はこの準備のために生れる。
同志諸君の後援の下に
労働運動社代表　大杉栄
（内務省警保局『大杉栄の経歴及言動調査報告書』一九二三年）

注　一月に発刊した第二次『労働運動』第一号の冒頭で大杉は、はがきの文面を引用し、「このはがきを受取った読者諸君の多くは、その文句のあまりに唐突なのに驚いたに違いない。けれども、実際に、日本の運命はもう眼の前に迫っているのだ」と、促すように述べている。ただし、引用文では「革命」を「分裂」と換え、文章（「日本の運命」）中も「分裂」の語で通した。削除を命じられるのを避けたのだが、はがきを受け取った「同志諸君」には十分意味が通じたであろう。

＊日本社会主義同盟――前年十二月に創立。各派の社会主義者、組合活動家、学生運動家、思想家など革新陣営全体が結集した画期的な運動体であったが、まもなく結社禁止を命じられた。

岩田富美夫という人が来た　宮島資夫宛　五月十九日

あの本は大石に又貸しをしてあるが、このあいだ行って見たら、こわれて大ぶひどくなっているから製本して返す、とのことであった。いずれ近日できあがったら山田君の方へ送る。

この頃僕はこっちへ来ているが、おひまだったら遊びに来ないか。

先日、岩田富美夫＊という人が訪ねて来た。どういう人か君知らないか。神近を知っているような口ぶりであった。

駿河台にて

＊岩田富美夫――北一輝に私淑、猶存社に参加、国家主義運動に従事した。右翼団体・大化会を設立、大杉の葬儀の際、遺骨を強奪する事件を起こした。

目下、源は行方不明　安谷寛一宛　九月一日

ほんとうに大ぶしばらく目だな。雑誌は何か出る出るという話は聞いているが、こんどの第三はいよいよ本当か。

目下、源（村木源次郎）は行方不明。久太（和田久太郎）も同様。うちはみんななまけて寝てくらしている。

一九二二・大正十一年

うちへ寝に帰った　山崎今朝弥《けさや》＊宛　三月三日

あの前夜、労運社にとまって、すっかり風を引いてしまったので、かんじんの翌日うちへ寝に帰った。

君からのインビテーションのハガキはきのうようやくついた。

（明治大学蔵）

＊山崎今朝弥――一八七七〜一九五四。弁護士として各派社会主義者の弁護に尽力。『平民法律』や平民大学を主宰、社会主義同盟の設立計画に参加した。大杉の巡査殴打事件や『民衆の芸術』事件の弁護に努めた。

君の翻訳仕事の後見をしよう　安谷寛一宛　三月三十日

実は君のその後の生活についてはひそかに心配していたのだ。君が今のようになったのに多少の責任を感ずるような気もして。が、君が、今の荒《すさ》んだ生活にいい気でいる人では仕方がないと思った。そして君という男に大部分絶望するとともに、非常にいい感じを持っていた君の細君に気の毒で堪らなかった。しかし君がそうでもないようなのを見て喜んだ。そして是非とも、君がいま方向転換しようとするののお手伝いをしなければならないと思った。

君の翻訳を見た。あれだけでは十分に分らないが、僕がそばにいて後見することにしようと思った。そして僕の翻訳の手伝いをしながら、それで君の勉強と生活とを同時にやれる方法を考えてみた。君が実際どれほどやれるかよく分らんが、少し勉強しさえすれば半年や一年の間は、それで毎月百円半くらいにはなるかと思う。あとはまたあとのことだ。

どうだ。そんなことで当分やってみる気はないか。そしてやってみる気があるとすれば、さらに次の条件を考えてみてくれ。

一、君がこっちへ来ること。そばにいるんでなければたくさんの仕事をまかせ切るというわけには行かない。

二、細君や子供も一緒に来ること。これは少し他人の生活に立ちいりすぎることだが、そうでないと、どうも君の生活が放縦に流れやすいだろうと思う。

三、家は君らがこっちへ来てから探すとして、とにかく僕の家に押しかけて来るがいい。

条件と言っても第一のほかは必須条件じゃない。君の方の都合もあろう。一度君の細君にも会って相談してみたいと思うのだが、そうも行かんようだ。細君にもよく相談してみてくれ。

注　安谷がテキ屋の旅商人集団に入っているのから脱出させようと、翻訳の仕事に誘う手紙。

ファーブル叢書の翻訳　安谷寛一宛　四月十八日

君の話もあったもんだから、君や僕の女房やその他二、三の人間にやらせるつもりで、通俗科学の叢書をもくろんだのだ。ものは全部ファーブル物で、ポオルという叔父さんが十二、三を頭のめいやおいに話してきかせる仕組になったものだ。したがってやさしいことはこの上もない。全部で十二、三冊あるが、英訳のあるものは今のところ四つだ。で、その英訳のないフランス語のものを君にやって貰うつもりなのだ。誰のもみんな僕と共訳ということにして。

一冊がこの原稿用紙に千二、三百枚ある。それを九月に二冊出して、あとは毎月一冊の予定だ。その第一冊と第二冊は、七月の末までに原稿を渡す予定だ。そして、君のはその第二冊にあてていた。

三つきに一冊ずつやりあげるとして、毎月最初は百五十円、少しして二百円の割でみんなの懐《ふところ》にはいる予定。それで一ヵ年間は続く。

まず大たいがこんな目論見なのだ。翻訳に自信がないなどと恐れることはない。それに翻訳の稽古は翻訳をすることだ。みんなそのつもりでやるのだ。

本屋と話を決めてしまったのだから、もし君が来ないとすれば、別にフランス語をやる人間を一人至急仲間にいれなければならない。もう一度考えて至急返事をしてくれ。僕にの義理立てや何かで来る必要はちっともないが。

注 大杉は翻訳の企画を出版社のアルスに持ち込み、ファーブルの科学知識叢書として具体化していた。「英訳のないフランス語のもの」を勧める手紙である。仕事は大杉の死後にまで引き継がれる。安谷は全十七冊のうち、四冊の翻訳を引き受けた。

夫婦連れで出かけた　安成貞雄宛　五月一日

同病大いに憐れみたいが、要するにただ憐れんでみるだけのことだ。

きのうは日曜なので、おととい夫婦連れで出かけた。手わけして歩いたが、無駄だった。

そしてその日以来、こんどは本当の病気になって、ウンウンうなりながら寝ている。

ベルギーの新聞は来ない　安谷寛一宛　六月一日

病気はその後どうか。どうせ、ただ、ぶらぶらしていさえすればいいのだろうが。

送ったというベルギーの何とかいう新聞は来ない。

直訳より意訳の方がいい　安成四郎宛　七月四日

二郎君からはまだ何とも言ってこない。子供が読んでもいいということが条件の一つになっているのだから、いわゆる直訳よりも意訳の方がいい。しかしまた原文にはなるべく忠実であってほしい。

原稿は中途で送ってくる必要はない。ただ八月一ぱいにできればいい。そうすれば君の方の都合で、またあとを何か頼む。

金はアルスの方へ言ってやってすぐ送らせよう。

緑葉の小説読んでみよう　安成二郎宛　七月九日

緑葉*の何とかいう小説*はそんなものなのか。さっそく二、三軒本屋をさがしてみたが見当らない。十年鳴かず飛ばずじゃ、足腰が堅くなるだろう。それにもともとあの人はいい加減に堅いんだから。

とにかく、何とかして早く読んでみよう。

*緑葉——佐藤緑葉（一八八六〜一九六〇）。早大在学中、安成貞雄と同じ北斗会のメンバーで『近

代思想』に詩、小説、翻訳を寄稿した。連載したラムスウスの反戦小説「人間屠殺所」は単行本になった。

＊小説――『早稲田文学』一九二一年七月号掲載の「無為の打破」と題する中篇小説のこと。『近代思想』の発刊に始まる大杉と荒畑の思想的交友と実践を、日蔭茶屋事件を織り込んで書いた伏字混じりの作品。

小説まずくもないじゃないか　安成二郎宛　七月十一日

きのう読んだ。そう大してまずくもないじゃないか。モデルとしての苦情は別としてだね、もっとも、いよいよ刺すというだんに到る、道ゆきがはなはだあっけなさ過ぎるが。

（以下伊藤野枝の文）モデルが年よりになったことをおどろきます。あれをよむとほんとにあの学者の知っている頃のモデルの若さがよく出ています。ちかごろはすっかり年をとりましたと、書いた方におしらせ下さい。今もあの若さだとたのもしいですが。

（以下大杉の文）またはじめてもいいのかい。（モデル注）

注　安成は緑葉の小説を「まずい」と感想を伝えたのであろう。返信で大杉は「そう大してまずくもないじゃないか」と評している。「いよいよ刺すというだん」とは、日蔭茶屋で大杉が神近市子に刺される場面のこと。「またはじめても……」は、野枝の文に対しての注記。

子供に読ませるように　安谷寛一宛　七月二十一日

あれは（アルス科学知識叢書）もともとが子供に読ませるために書いたものなのだから、やはりそういう風にやってくれ。そして地の文「である」よりも「であります」でやってくれ。会話のところは、それぞれその話す人間にあうように。直訳してぎこちない文章になるよりは、意訳にしてすらすらした日本文になる方がいいが、なるべく原文に忠実であってほしい。

ファーブルは進んだろうか　安谷寛一宛　日付不明

その後病気の方はいかが。

ファーブルのランデュストリーはちっとは進んだろうか。大して急ぐには及ばないが、病気にさわらない程度で、そろそろとやってみてくれ。

いつか『メルキュル』（フランスの文芸誌）と新聞とが来た。

いい方法が思い浮かばない　安谷寛一宛　日付不明

寛兄。

こっちには、まだなんの計画もない。従ってそのことにはなんの関係もない。

新聞に広告するというほどのこともあるまい。

しかしなんとかそれに対する方法を講じなければならんとは思うが、ちょいといい方法が思い浮かばない。
椅子ありがとう。着いた。早速お知らせしなければならないのを忙しくてすっかり忘れていた。誠に相済まない。二十九日。栄
けさ飯を食っていると二、三人君のところからだといって配達みたいな男が来た。

「フランス革命と農民」を書きかけて　宮島資夫宛　九月八日

その後どうしている？

帰ったかどうか分らないので、麗子君あてに使いを出して、クロのフランス革命論をかりにやった。「フランス革命と農民」というようなものを書きかけているので。

十月号の『新潮』に「労働運動と労働文学」というものを書いて、君に対する批評もちょっと書いておいた。『改造』の「お化けを見た話」の中にもちょっと君のことが引合いに出ている。ご笑覧を願う。

サワ子君（宮島夫人の妹八木沢子）からは音沙汰がない。だが、原稿（アルス科学知識叢書）ができるまでは別に用もないのだが。

いろんな話はまた会った時に　宮島資夫宛　九月十一日

ちょっと逗子へ行っていて、帰ってお手紙を見た。

本はやっぱり分らなかったそうだ。あの手紙を持って改めて使いを出すことにした。酒から遠ざかったのはいいね。が、帰って来ればやっぱりもとの何とかになるんだからね。いろんな話はまた会った時にしよう。

話がついたか　江口渙*宛　九月二十一日

お手紙拝見。

細君が帰っているという話を聞いてから一度行こうと思っているうちに、とうとう話がついてしまったか。しかし、まあ、とにかくお目出度うといっておこう。

翻訳の件は本月中にぜひお願いする。

＊江口渙――一八八七～一九七五。作家。社会主義同盟の中央執行委員に就任した。書簡は、妻・北川千代との離別に対しての感想。

十五貫六百に減った　伊藤野枝宛　十月十七日

今、おむつと外《ほか》に本を二冊送る。手工の本と『昆虫記』とだ。菊から伸について書いてきた手紙も入れておいた。やっぱりこっちで思っていたようになったんだね。辻からの手紙も入れておいた。風はまださっぱりしない。一昨夜一ばんかかって『改造』の原稿を二十枚ばかり書いたから、すっかりがっかりした。そして、きのう湯に行って目方を見たら、その前よりも五百目減って十五貫六百になっていた。今晩またてつ夜で「自叙伝」をかかなければならないのだが、こんなことじゃいやになっちゃうな。

きのう、江口（江口渙）の家の家主の婆さんが来て、家賃を払ってくれないから何とか話してくれと言って、いつまでもくどくどとやる上にオイオイ泣き出すんで閉口した。逗子へ行ったんだけれど引っ越したと聞いて、また出直してきたんだそうだ。

今、和田久が警察へ呼ばれて行っての話に、野枝さんが途中で引返したということだが、どうしたんだろうと言っていたそうだ。まいたのか。

風はどうか。エマ（三女エマ）はどうしている。

注　大杉と離れて勉強するため、野枝が十四日に発って、郷里の福岡・今宿へ帰った直後の手紙。三女のエマ（二女のエマは妹の養女になった）と四女・ルイズを連れて行った。東京へ戻るのは十一月二十五日で、この間に十四通の手紙を送っている。

バクーニンの単行本を準備中　菊地与志夫宛　十月十八日

『神と国家』の翻訳はありません。

また、僕も今それを翻訳してみようという気もありません。バクーニンを知るにはごくいいものだけど、国家論としてはクロポトキンの『国家論』の方がずっといいからです。そして神については、今日の僕らにはほとんどもう何にも言う必要がないからです。

もっとも今、遠藤無水という男が『神と国家』の翻訳をあちこちの出版屋へ持ち歩いているそうですが、よしそれが出ても、僕はあの男のものはちっとも信用しません。

なおバクーニンについては、僕は今、単行本を書く準備中なんですが、たぶん来年正月号の『改造』には「マルクスとバクーニン」という題で、その一部分の発表ができようかと思っています。

おひまの時に、お遊びにおいでなさい。僕は今、駒込片町十五の労働運動社にいます。吉祥寺前停留場から少し先きの、駒込警察の筋向いです。


「自叙伝」の前借でミルクを送った　伊藤野枝宛　十月二十一日

途中大ぶ困ったようだね。困りついでにまた誰かをしきりに怨んだことだろうね。一昨日、ちょっと服部へよったら、みんなして「伯父さんはほんとにひどい、伯母さんはずいぶんさびしそうだったわ」と言って、大いに叱られた。

　こっちはまたその前夜一晩徹夜して「自叙伝」を三十枚ばかり書いたので、風は少々後もどりしたが、もういい。きょうからはまた雑誌（第三次『労働運動』第九号）の編集だ。それで一休みしようと思って、きのうは上天気を幸いに、大ぶ疲れているような源兄《げんにい》（村木源次郎）を連れて、魔子と一緒に鵠沼《くげぬま》（東屋旅館）へ行った。

　「自叙伝」は一日遅れて、十一月号（『改造』十一月号）には載らない。もう少し書き足して、十二月号に載せることにして、その前借をした。金はほんの小費と思ったもんだから二十円だけすぐ送った。明治屋でミルクを一箱買って送らした。二十三円四銭で送料が二円二十五銭、都合二十五円二十九銭だ。あるいはこの方が高くつくかとも思ったが、うんとそばにあれば心強いだろうとも思った。これと、服部にある外套《がいとう》とは、代《だい》宛に送った。客車便で。今宿あてにお茶を一斤送った。それと、ほかに二口ばかりやる金とで、すっかり文なしになって、源兄の方の金で鵠沼へ行ったのだ。

月末までに、来月いくら要るかの予算を言ってきてくれ。こっちでは前からの話の通りに予定してはいるが。それから要るものはいくらでもどしどし言ってこい。ぼんやり先生でなかなか気がつきませんからね。

魔子の奴、憎らしくてね。ママはどうしたろうともちっとも言わないんだ。そして俺が毎日一度ぐらいママの話をして聞かしても、ちっとも気のないような顔をしているんだ。そして人に何か言われても、お正月には行くんだからいいやい、て言っている。が、エマとルイズとの話なら、少しは話にのる。妙な奴だね。

きのうとかおとといとか、高野（高野松太郎）夫婦が中名生《なかのみよう》*のところへ来たそうだ。そしていろいろおしゃべりして行ったそうだ。そしてその前に、二人連名で手紙を寄こして、僕らのことを本当かどうかと聞いて、世間はうそばかり言っていやになるから、お互いに打明けて話をしようと言ってきたのだそうだ。笑わせるね。静ちゃん（中名生幸力の妻）の方は本月一ぱいでおいとまだ。ご安心を。

いつかの手紙は六銭の不足税をとられた。あなたには昔からこれでずいぶん損をかけられる。

＊中名生――中名生幸力《こうりき》。社会主義同盟に参加。第三次『労働運動』の編集に通った。

君の文章が非常にうまくなった　山崎今朝弥宛　十月二十二日

今、『平民法律』をちょっと拾い読みして、君の文章が非常にうまくなったのを感心した。皮肉のための皮肉というようなものがなくなって、ぎこちなさがとれてきた。そして一言で尽せば、大ぶ僕の文章に近づいてきた。

どうだ、この最後の一句がいいだろう。(君は頭が悪いからこれだけの説明をしておく。)

(明治大学蔵)

僕に影響された文章だ　山崎今朝弥宛　十月二十三日

そりゃあ確かに不当利得だね。しかしその利得も、素人がお世辞たっぷりでつけてくれたんじゃ、世間には通用しない偽造紙幣のようなものだ。

とにかく、君のあの雑誌(『平民法律』)の最後の方にある「僕の近状」とか何とかいうものを、君自身でもう一度読んでみたまえ。ありゃあ決して君の今までの文章じゃない。僕のものを時々読んでいる間に、知らず知らずの間に、僕に影響された文章だ。社(労働運動社)の二、三人に読ましてみたが、やっぱり同感だと言っていた。

(明治大学蔵)

久に艶聞があるんだ　伊藤野枝宛　十月二十四日

もう手紙が来そうなものだと思って、心まちにまっているんだが、どうしている？　ルイズはその後いいか。

そんなに御ぶさたをするつもりなのなら、こっちにもその考えがあるが、いいか。

おとといときのうと、二日かかって、「革命の研究」と「ボルの暴政」を書いたんで、きょうはうんざりしてしまった。そして朝、馬鹿にいいお天気なもんだから、飯を食うとすぐみんなを誘って植物園へ行った。例のお猿さんも見舞った。魔子は自分の持って行ったセンベイは猿が見むきもしないで、よその人の饅頭だのミカンだのばかり食うので、すっかり御きげんを損じてしまった。が、それもお池の鯉ですっかりまた治った。行きに道を間違ってとんでもない方へ行って、植物園のそとをぐるりと一廻りしたりしたもんだから、帰ったら、もう昼を少し過ぎていたのだが、飯を食うのもいやになるくらい疲れ切っていた。そして寝ようと思って横になっていると、人が来て起される。きのう、おとといも、大ぶお客になやまされたが、きょうは本当にいやになっちゃった。それでも五時頃から寝て、八時に目をさましたら、飯がちっともないなどと言うので、そとへ出て支那料理を食べたら、それがまた馬鹿にまずい。それでもう、今からまた雑誌の方の仕事をする予定のもいやになって、この手紙を書く次第だ。

きのう、飯野という名の、へたな女文字の手紙が来た。誰だろうと思って開いてみると、野沢*の婆さんだ。あれ以来ずっと病気で、今は、昔亭主がそこで死んだ慈恵病院にいるんだそうだ。何病だか分らないが、いろんな病気が出てとある。そして至急ぜひ旦那様におめもじしたいと言うのだ。あしたは面会日だそうだから、とにかく村木に十円ばかり持たして様子を見てきて貰う。どうせ用事は金のことなんだろうから。

静ちゃんのきも入りで、久〔和田久太郎〕にちょっと艶聞があるんだ。まだ僕らには隠しているがね、きょう植物園でいろいろあてこすって冷《ひや》かしたもんだから、あとで源兄に、どうしてみんな俺をあんなに冷かすんだって、しきりに憤慨していたそうだ。先生、誰もまだ知らないつもりで、一人で夢中になっているんだ。お蔭《かげ》で原稿もちっとも書かない。

それはきょうのこと、朝早く、しょんぼりと源三〔村木源次郎の叔父〕がやって来た。酒の臭いはするが、いやにしょげ返っていた。そして源兄にさんざん意見されて、といっても困ったら泥棒ぐらいする元気がなくちゃ駄目だというような意見なのだが、二、三円貰って泣き泣き帰って行った。

手紙をくれろよ。

＊野沢――野沢重吉（一八五五～一九一五）。人力車夫。早くから社会主義運動に加わり、大杉の『平民新聞』発行の際も助力した。

魔子に毎日ママの話をするんだ　伊藤野枝宛　十月二十四日

今、手紙を出したばかりのところへ、エビやカニの話のハガキと長い手紙とが来た。

エビやカニやハゼはぜひ欲しいね。この頃、でもない始めっからだが、うちの飯がまずくって食えないで困っているんだ。早く、ストーブか何か買って自分で食おうと思っているんだが、そんな方の金はなかなか出て来ない。

どの辺か知らないが、そんな風な室《へや》じゃ困るね。どこか、もっといいところがないかな。もっとも、暮れにでもなったら辛島先生の方へ行くとして、それまでの辛棒《しんぼう》ができないこともあるまいけれど。源兄もあの辺の友達のところへ行きたがっているから、一緒に連れて行って寒い間向うで暮すつもりで。きのう源兄に叢文閣《そうぶんかく》から出す論集（『無政府主義者の見たロシア革命』）のきり抜きをやらした。また正月号の分まで入れるのだから、もっと大きくなるには違いないが、今のところでもちょっと三百枚ほどありそうだ。

僕はまたこんどは、あなたとはまるで反対なんだ。あなたのイメージが、これは本当のことだよ、しょっちゅう目の前にちらついて邪魔になって仕方がないんだ。そして魔子の奴があんまり平気でいるんで、シャクになって仕方がないんだ。そしてその腹いせに、誰も話す人といってはないんだから、毎日魔子の奴にママの話をして聞かしてやるんだ。

ご注文の品物や金は、たぶんあさって、ちょっと金がはいりそうだから、すぐ送ろう。

『相互扶助』の印税で四十円送った　伊藤野枝宛　十月二十七日

きのう予定通り金がはいったので、四十円だけ送った。春陽堂でまた『相互扶助』の印税がはいったのだ。が、残りはほかへ出て、あと十円だけになったので、いろいろな買物は二十九日まで延ばす。この十円を持って、あしたちょっと一晩泊りで東北の方へ行ってくる。

きょうやっと雑誌の編集を全部終った。

久公はやっときのう白状した。そしてもう事はすんだから安心してくれとのことだ。先生ようやく静ちゃんにだまされたことが分ったのだ。何でも、まだ顔も見ないうちに、私の妹でよそへ養女に行ったのが、親の喰物にされて淫売になっていて、可哀そうで仕方がないから救い出してくれ、というような話だけで、先生すっかりそれを本当にして大いに男気を出そうとしたのだ。バカな奴だよ。しかし早く目がさめてくれてよかった。こんなこと、本人のところに言ってやるなよ。先生、それでなくてさえみんなにひやかされてショゲ返っているんだから。

久公といえば、おとといの晩ある会合で、怪《け》しからんうわさを聞いた。それは、僕が静ちゃんとくっつき、とまではいいが、久公が伊藤野枝とくっついたというんだ。そして大森辺（山川均の一派）ではそれを大喜びでいるということだ。どうだ、覚えがあるか。

そんな風ないろんな中傷や何かを寄せ集めてこんど「ボルシェヴィキ四十八手裏表」というのを雑誌の下八段をぶっ通して書いた。

野沢の婆さんを村木に訪《おとの》わした結果は知らしたい。

みそかの日に、とにかく百円だけまた電カワで送る。

大仕事をしようと東屋へ来た　伊藤野枝宛　十月三十一日

おとといは宇都宮から自動車で五里あまりの真岡《もおか》まで行った。二十人ばかり集まったが、ろくな奴一人いないのでがっかりしてしまった。宇都宮からは一時間足らずで日光へ行けるんだし、紅葉もいいだろうとは思ったが、急ぐんですぐ帰ってきた。

きのう帰ると、留守に来た改造社からの使いがまた来る。十二月号の論文を至急書いてくれというのだ。アルスからも叢書（アルス科学知識叢書）や『種の起原』を本年中に出したいと急《せ》いてくる。大英断をやって、この二週間ばかりの間に大仕事をしようと思ってきょうここ（鵠沼海岸の東屋）へやって来た。

仕事の予定は、

自叙伝　十二月号の後半と一月号。

論　文　十二月号（十一月号には総連合についての、友愛会やボルのコンタンを書いたが、こんどはその理論の方をやる。）

論　文　一月号（マルクスとバクーニンの喧嘩。）

無政府主義者の見たロシア革命（まとめるのと翻訳のまだ済んでいないのとをやりあげる。）

種の起原
科学知識叢書（二冊）　｝半分やって印刷所へ廻す。

こんなに欲張ってきて、はたしてやれるかどうか。それにこの頃また、雑誌の編集以後すっかり目をわるくしてしまった。きょうなんかは真赤だ。

ここまで書いたら江口が来た。奴まだ原稿をちっともよこしてないんだ。(三十日)

またいつかいたハナレの方の久米(久米正雄)のいた室《へや》だ。隣りにも滞在の客がいる。こんどはおとめさんの番だ。ここでの一番田舎者の、あのピンポンのうまい女ね。

魔子に五時頃起された。東京じゃ困ったが、こんどはあいつと一緒に起きて朝早くから勉強するんだ。きょうは一日外出して、今はこの手紙書き、朝飯がすんだら鎌倉行き、午後には勇夫婦が来るはずだ。

勇は、僕の留守の間に魔子を音楽の先生のところへ連れて行ってくれた。今、ひるは暇がないんで、夜だけやっているが、それでは一週に一度くらい暇をつくって教えてあげようということで、その日にちを向うから知らしてくれるはずになっている。魔子先生、大喜びだ。

きのう電カワで百円送った。もっと余る予定だったが、あちこちへ出すと、あと百円ばかりしか残らないので、そっちへ送る買物はまたあとへ廻した。その百円を持ってきょうはこれから鎌倉へ支払いにゆく。

魔子の着物を早く作って送ってくれ。あのあちこち破れた汚ない青いの一枚じゃ仕方がない。

きのうの朝、手紙見た。ご無心はどうぞいくらでも。金のあるだけは言うことをきく。ただし別にさえなれば人のことなんぞどうとも思わない人間のは、一番あと廻しだ。

松枝はその後どうしたの。

社会文学とかいうもの　安成二郎宛　十一月一日

けさの『読売』の僕に話しかけた「社会文学とは何か」を読んだ。結構だ。まずまず賛成だ。労働運動とか革命運動とかいう厄介なものの中にははいらずに、そとから呑気に社会文学とかいうものをやって行こうというのには至極の名論だ。とでも、まず言っておこうか。

うんと仕事を持って今ここに来ている。十日頃まではいるつもりだ。

一度遊びに来ないか。

世界を相手に喧嘩ができるかい　伊藤野枝宛　十一月三日

今日東京から手紙が廻ってきた。そんなにうわさや人の口を気にする奴があるかい。そんなことで世界を相手に喧嘩ができるかい。魔子はまだ帰ってこない。

夕方、改造社から原稿取りの使いが来たが、それを待たしておいて今書いている最中だ。

「自叙伝」の方はさっきいい加減にすまして、いま論文を書きかけているところだ。今晩はどうしても徹夜だろう。

あしたは朝の間寝て、その間に魔子も迎いにやって、ちょっと東京へ帰る。いろいろ用もあるし、せっかく送ってくれたものを東京で取られてしまっては堪らんからね。そのついでに、もし論文の方がたくさん書けて前借の額を越えるようであれば、ご注文の品を買う。もう十二時だ。このハガキはあすの朝でなければ出せない。

山川をやっつけてやった　伊藤野枝宛　十一月五日

きのうの朝八時にようやく原稿を終えてすぐ尾行を魔子のところへ使いにやって寝た。そしてひる過ぎにこっちへ来た。

『改造』の原稿は思ったより大ぶ枚数が減ったので、前借を引かれて七十円ばかりしか貰えなかった。魔子が運動会で便所へ靴を落してきたので、あいあげのいいのを買ってやった。それから鼠のセーター(いつか千代田屋で見た安い)、あれを買ってやった。ブレットにはおむつカバーはもう一つもなかった。あした三越へ行ってみよう。

フィルムはすっかり忘れてしまったが、下駄と足袋《たび》は送った。もう暗くなって、色がよくわからなかったので、お気に召すかどうか知らないが、いけなければまた買い直します。一足はおばさんに。足袋は二足送った。

小包ははたしてもうやられてしまった後だった。それでもハゼだけは、料理が面倒だというのでまだあった。今、酒を買わしてきて、ぐつぐつやっているが、はたしてうまく行くかどうか。

『労運』と『改造』と送った。『改造』の十二月号は十四、五日頃に出るそうだから、こんどはすぐ送る。山川をうんとやっつけてやったから見てくれ。一晩のてつ夜ですっかり目を悪くして、今日も一日寝てアンポオをしていなければならないほどだが、すっかりりゅういんが下がった。

改造社へ寄って、また仕事が一つふえた。どうしても暮れの金にしたいから本月中に全部まとめてくれというのだ。仕方がない。そうきめた。

ここまで書いたところへ、新聞でご承知だろうが、赤化防止団*の連中が立会演説をたのみに来た。断ってはやったが、当日行ってみて、大いにシャクに触るようなことがあれば出ると言ってやった。

その話をしている間に、村木がハゼの酒がなくなったからって、もう一度酒を入れずに湯を入れてしまった。前に四合入れたのだが、もう四合買ってくるのが億劫なのと惜しかったんだろう。で、あとはもう村木にまかした。

『日日』か『読売』を見たいとのこと、村木から聞いたので、あした『日日』の社へ行って市内版を送らせるようにする。

あしたからまた一週間ばかり鵠沼だ。

＊赤化防止団――団長は弁護士の米村嘉一郎。実態は右翼の暴力団。

官憲横暴弾劾演説会へ行ったが　伊藤野枝宛　十一月八日

きのうは青年会館で、大島製鋼所の連中の、官憲横暴弾劾演説会というのがあるはずだった。それには出ないつもりで、おとといこっちへ(鵠沼海岸)来たのだが、きのうの昼すぎになって急に行ってみたくなったので、魔子を鎌倉へ連れて行って長芝(村木源次郎の親戚)へあずけて、一人で上京した。実はその外《ほか》にも、服部が小包を送ったかどうかが気になり、またすっかり忘れてしまったそちらへ送る新聞のことも気になっていたのだ。一晩は検束のつもりで行った。

が、服部へ行ってみると、そんな演説会の様子はちっとも知らず、またその日の朝刊にも夕刊にも暁民会連の検束のことの外には何にも書いてなかった。大島へ電話をかけると何のことだ、オジャンになってしまったのだそうだ。馬鹿馬鹿しいんですぐ帰ってきた。

服部もこんどだけは忘れずにすぐ送ったそうだ。どうもあの着物が、縞《しま》がらがお気に召すかどうかは別として、少しジミだったような気もする。もしそうだったらはなはだ相すみません。新聞は『朝日』を三ヵ月頼んでおいた。

新橋への道で、毛皮屋で面白いものを見た。いつか三越でも見たのだが、羽織の下に着る毛皮のチョッキ様のものだ。そのおもてのきれの縞がらもちょっと面白いし、洋服の上に着たら、オツなものだろうと思った。でも少し長いから、それを縮めたり、つけひもだの脇の方にある前後の毛皮をとめてあるものなぞを少し直しさえすれば。

しかし銀座にあるのは高かった。百円だ。如何《いかが》です。一つ奮発してみましょうかね。毛皮の外套《がいとう》とも思っているんだが、うまく丈《たけ》に合うような短いのが見当らない。黙っていて何か突然送ってやって、びっくらさしてやろうかと思うんだが、おしゃべりなので、やっぱりしゃべってしまう。それに、本人がいて、着てみるかどうかしてみないと、けんのんなんでね。ちょっといいと思っても、うっかり買えない。おばさんのや、エマやルイズのとも思うが、それはこんどお土産にすることにしよう。

魔子は長芝へ置きざりにしてきた。二つか三つ泊ると言っていたから、あしたあたりまた尾行を使いにやろう。

きのうの半日ときょうの半日とで、「自叙伝」の今まで書いた分を直してしまった。書くときにはずいぶん一生懸命になって書いたんだが、今見るとあちこちいやになって仕方がない。が、直すのも大変だし、大がいはそのままにしておいた。すぐ改造社へ送って、組みはじめさせる。

先日送った春からの手紙、下谷豊住町三十三、袋一平*にあてて送ってくれ。是非しきりに伸の臨終のことを知りたがっているから。春へは何の返事も出さない。が、秋山へはすこぶる鄭重なお礼状を近親一同に代ってというような書きかたで出しておいた。

きょう半日の仕事で、すっかりまた目をわるくしてしまったんで、今から床《とこ》をしいて、目を冷《ひや》しながら一寝入りだ。早く仕事に一段落をつけて、当分また医者へ通わないと駄目だ。下まぶたのぶつぶつがまた大ぶ出てきた。

しかし、これほど無理をして、勉強しているんだが、からだは割にいい。目方も十六貫を上下しているくらいで、それ以下には減らない。とにかく早く仕事を終って、一二三の三日はうんと遊んですっかり回復することだ。

どうです。お一人は、さぞ呑気《のんき》でいいことでしょうな。早く、早くと思って、ただ正月を待っている、どこかの厄介野郎のことなんぞは、もうどうしたっていいことでしょうな。お邪魔さま。

＊袋一平――弟・伸の友人。のちにロシア語の翻訳家、映画評論家。伸は前月、肺結核のため、上海で死亡。同地に在住の妹・春が知らせてきた。秋山は春の婚家。

あなたの原稿の直しをやった　伊藤野枝宛　十一月十日

きのうは、尾行に魔子を迎いにやろうと思ったのだが、魔子の知らない初めての尾行なので、自分で迎いに行った。長芝家では、また例の展覧会で、しかもクラブが借りられないので自分の家でやるというので、大騒ぎの最中だった。いいところへ迎いに行った。

仕事も大分やったし、もうここにいるのも飽きたから、改造社から金が来たらすぐ帰ろうと思う。今日は一日待っていたが来ない。電話をかけたが返事がない。あしたは帰れよう。

魔子は毎朝早く起きて困るので、朝はパパが起きるまで、絵の勉強をさせることにきめた。黙って一人で何か書いている。別紙の絵は写生だ。富士山のあるのはちょっと可笑《おか》しいが。

毎日手紙を待っているんだが、ここへ来た知らせを出してから以後は、一本も書いてくれないようだね。どうしたのさ。

きょうは一日あなたの原稿の直しをやった。ずいぶん少ししきゃ、やっていないんだね。普通のお話のところはまあいいが、少し込み入ってくるとまるで駄目だね。「ボルの暴政」もやはりそうだったが。こんなことじゃ理屈物はとても読めないよ。少しみっしり勉強してくれ。ダーウィンはやり始めているかい。

『無政府主義者の見たロシア革命』の原稿の整理も済んだ。きのう叢文閣へ電話したら、先生*はまだ寝ているそうだが、大喜びでいた。『昆虫記』も大へん景気がいいそうだ。再版の用意に誤植の直しをしておいてくれと言っていた。

江口の方の原稿（アルス科学知識叢書）を貰えないので困っている。二、三日目には行ってみるんだが、そしてそのたんびにしきりにやっているようなんだが、どれだけ進んだのかもまだよく分らない。仕方がなければ、ほかのを第二篇にするつもりだ。

今やっと改造社の電話が通じて、あすの朝、電報為替で金が来ることになった。昼すぎには帰れよう。これからまた一勉強だ。

＊先生――出版社の叢文閣社長・足助《あすけ》素一（一八七八〜一九三〇）。大杉訳『昆虫記』も出版。

馬鹿もいい加減にするといいよ　伊藤野枝宛　十一月十一日

今帰ろうと思っているところへ手紙が来た。また病気か。そんなに弱くなっちゃ本当に困るね。お客様の来ないせいも大ぶあるのだろうが。

じょうだんを書いて一々《いちいち》怒られていちゃ堪らないね。この間もまた似たようなことを、あるいはもっと意地悪くであったかも知れないが、書いてやったが、またうんと叱られるのかな。あんまりあまいことも書けないんで、仕方なしにあんなことを言ってやるんじゃないか。それを怒るなんて本当に馬鹿だな。

人が一生懸命になって仕事をしているのに、いや好きな女中でなくてお気の毒だとか、ピンポンだのお花だろうなんて、本当に馬鹿もいい加減にするがいいよ。そんなことを言われたんじゃ、もう仕事もよした。

えびや鯛は奥山*の方へ送ってくれ。どうせ僕の方じゃ、何だってうまく食えるんじゃないから、梨だってせっかく送ってきたものを一ぺんにみんなに食われてしまうんじゃつまらない。

＊奥山――奥山伸。明治から昭和まで社会主義者の診療をよくした医師。大杉も世話になった。

僕は国粋会の男に殺されたそうだ　伊藤野枝宛　十一月十四日

少々疲れて、一昨日と昨日とは寝てくらした。といっても、ただ時々横になるだけで、いろんな奴に邪魔されて閉口した。

きょうは仕事を始めようと思って、朝、机に向うと『日日』の宮崎（宮崎光男）が来る、続いて三、四人やって来て、とうとう今まで何にもできない。そして頭がボウとしてしまった。

けさ、宮崎が来る前に、博多のおじさん（代準介）がひょっこり来た。そして魔子を連れて動物園へ行った。午後の五時には出立すると言っていたが、まだ魔子は帰ってこない。たぶん渡辺ででも遊んでいるんだろう。

宮崎の話によると、僕は数日前に国粋会の何とかいう男に鈴ヶ森で殺されて、品川の海にほうりこまれたのだそうだ。そしてそんなことがある一、二の新聞に載ったのだそうだ。そしてその男は、甲府の何とかいう大親分のところへ、今これこれで逃げてきたのだが、しばらくかくまってくれというので、大親分も驚いて県庁へ行って、せっかく自分のところへ頼ってきたんだから、あす県外へ出すからすぐ捕えてくれと頼んだのだそうだ。で、甲府から内務省か警視庁へ電話があって、それが新聞に出ることになったのだそうだ。

根岸*が一昨日死んだ。村木はそのあと片付けにきのう横浜へ行った。

エマの薬はきのう送った。あいつは馬鹿に毒深いんだね。温泉に行ってそれで治るものなら、それもよかろう。二十五、六日頃になれば少々金がはいるから、どのくらいかかるか言ってくるといい。しかし虫退治の方はうんとやらないと駄目だね。

何とかの方へ金を出したんじゃ、小費に困るだろう。こっちも多少残っていた金を帰ると方々へとられてまた文なしになった。できれば二十五、六日に毎月のおきまりだけ送ろう。

帰った翌日、勇が来て、また魔子を音楽の先生のところへ連れて行ったが、留守で駄目だった。そして帰り早々都合のいい日を知らせるからということであったそうだが、まだ何とも言ってこない。どうも駄目らしいね。

おじさんが、ルイズが大変知恵がついてね、と言っていた。あいつは大ぶ発育がいいようだからもうそろそろハイハイでもしやしないか。

きょうは近藤（近藤憲二）の出がけに、あなたからの手紙を見た。ひまなもんだからこんなことを言ってからかって来やがらあ、と言っていた。こっちへもちっとからかって来いよ。

ヘントウ腺の方はその後いかが。

＊根岸——根岸正吉。詩作をした同志で、『労働運動』にも詩稿を寄せた。

『ロシア革命』を書きあげた　伊藤野枝宛　十一月十六日

ハガキの封入されてる手紙、今日鵠沼から廻ってきた。

下駄のジミな方がお気に入ったのは大しくじりだね。それでもとにかくお気に入ったのがあってよかった。僕もホウ歯の大きいのを注文しておいたが、まだ取りに行けない。いいマサのがあったもんだから。着物の方は何だか条件付で大してお気に召したとも言えないようだね。本物だといいんだけれど、なぞと贅沢は言うなよ。初めからメイセンか何かという約束だったんじゃないか。その代りにこんどは羽織の方を少し奮発するかな。いや、よそうよそう、やっぱりあのくらいのところがご身分相応だろう。

おばさんが嫁にゆくとなると、何かお祝いしなければなるまいが、着物にする方がいいだろうか、現ナマにする方がよかろうか。百円くらいはどうにかしようと思っているんだが。要するに、オヤジの家を直そうと思っていたのが、おばさんの方へふりむけられる訳になるんだ。おばさんの方のは承知した。

きのうも三、四人お客に攻められたが、とにかく仕事を始めた。そして叢文閣の『ロシア革命』のまだ足りない部分をきょうやっと書きあげた。足助先生、まだ寝ているのを無理して車でやって来て、来月十日までにぜひ出したいというんで、大急ぎなんだ。この本が、暮れのそちらと僕との分になるんだ。菊半截《きくはんさい》で、三百ページをほんの少しこすだろうが、紙表紙で一円五十銭ぐらいにする予定だ。

あしたからは「自叙伝」の書き足しだ。全体で七百枚くらいになるだろうが、もう三百枚ばかり書かなければならない。が、その半分は『獄中記』や「死灰の中から」の書き抜きだ。十二月号の『改造』には、また例の礼ちゃんとのあまいところをうんと書いたから、お千代（江口渙の前妻北川千代）さんのようにどうぞ怒らずに読んでくれ。

きょうは、珍しく坂本先生（大杉の中学時代の柔道の先生）がやって来て、半日遊んで行った。でも、いつか鵠沼へ行く道で一度会って、その後、留守中に一度やって来たんだそうだ。僕がチブスで入院している時、見舞に来てくれたそうだが、面会謝絶で仕方なしに僕の病室の前で五分間ほど瞑目して僕に力を送ってくれたのだそうだ。先生、この頃は例の屈伸法の外《ほか》に、この「力を送る」術もやっているんだそうで、それで病気の治ったいろんな話をさんざんに聞かされた。自分は東京にいて、新発田《しばた》で死にそうな人にもそれをやって、見事に成功したなぞと言っている。

村木がゆうべ帰ってきて、これでようやく昼は一人ぼっちを免れるようになった。ひると晩と自分で飯の仕度をするのと、折々いろんな奴が玄関や台所でドナルのとで閉口した。

ゆうべは各新聞社の少壮記者演説会というんで、僕も『東毎』から出て与太るはずだったが、考えてみるとつまらないいんでよした。あしたの晩は赤化防止団との立会演説だが、こちらからは、岩佐〔岩佐作太郎〕、近藤〔近藤憲二〕、売文社から近藤〔近藤栄蔵〕、高津〔高津正道〕が出る。僕は新聞では出るように書いてあるが出ない。

無心を言ってきたって、ボツボツだ　伊藤野枝宛　十一月十七日

今、三銭切手の手紙が来た。みんなで、「おやおや、急に熱が半分さがっちゃった。女って頼みにならんもんだな」ってひやかしているぜ。

着物にしてみたら急に見ばえがしてきたものと見えるね。それからお気に召してありがたい。何か送るのもいいがそれが心配でね。そんなにいろいろ無心を言ってきたってなかなか聞いてはやらない。まあボツボツだ。

久の奴、僕らには何にも白状しないんだから、その手紙を送ってくれ。

Ⅳ　日本脱出

略 年 譜 Ⅳ

1922（大正11）年 37歳	12月，国際アナキスト大会出席のため日本を脱出。上海で中国同志と会合。中国人名のパスポートを入手。
1923（大正12）年 38歳	2月，フランスに入国。リヨンを本拠に各国アナキストと接触。中国人同志の組織結成に尽力。5月，パリ郊外サン・ドニのメーデー集会で演説，逮捕され，ラ・サンテ監獄に収監。国外追放となり7月，帰国。労組集会に連日参加。9月1日，関東大震災。16日，弟・勇の避難先を見舞った帰途，妻・野枝，甥の橘宗一とともに東京憲兵隊に拘引，虐殺される。

一九二三・大正十二年

安南の女ときたら　伊藤野枝ほか諸兄宛　一月

このおどり子の顔はちょっときれいだが、安南の女ときたらとても見られたものでない。女も男もみなおはぐろをつけているが、女はことにこれがはなはだしい。そして彼女らはよく道で唾をするが、その唾がおはぐろの色そのままの黒ずんだ朱のような色だ。いたるところのペエブメントにこの唾のあとが点々としている。そしてみなまるで乞食のような生活をしている。

これは安南の旧王朝のおどりだが、ちょっと日本のおどりと似たところがあるようだね。

注　十一月にフランスの同志コロメルから、ベルリンで開く国際アナキスト大会への招請状が届き、すぐに参加を決める。まず中国へ密航、中国人同志と交流するなかで、中仏大学留学生の身分で中国人名のパスポートを入手。年が明けて五日、フランス船に乗り、マルセイユを目指す。ベトナム（安南）での寄港地、ハイフォンか旧サイゴンからの第一信。

ロシアの貴婦人と知り合う　伊藤野枝ほか諸兄宛　一月

今晩コロンボに着く。着いたらそこから出すつもりでこの手紙を書く。僕がフランスに着いてからそちらへ届くのだから、もう心配はない。ようやくあともう二週間と少しになった。この分ならどうやら無事に着けそうだ。

上海でのことはいろいろ聞いたろうから別に書かない。

船は三等だが、二人で一室を占めていて、万事が日本の船のまあ二等だ。下のベッドに支那の若い学生がいて、僕は上のベッドに寝るんだが、その支那の先生ちょっと英語を話すんで都合がいい。が、そいつ、少し馬鹿でね、折々なぐってやろうと思うことがあるが、辛棒《しんぼう》してる。食堂でも、支那の男女学生十一名と僕とが一つの卓を占めている。みんなマルセイユ行きだ。

香港から夏服に着換えて、それでもまだいつも汗だくだくでいる。キャビンの中にも扇風器はあるが、とてもそこにひっこんではいられない。一日デッキに出ている。狭いデッキがみんなの籐椅子でいっぱいだ。

僕は昼の間は大がいこのデッキにいるが、夕飯後は四等すなわちデッキ・パッセンジャーの方のデッキへ遊びに行く。それは三等のデッキのすぐ下の、へサキにあるんだが、そこにはシベリアから来たロシアの若い学生がうんといる。僕はそいつらと一番いい友達になったのだ。大がいは英語を少し話す。フランス語を話す奴も二、三人いる。僕はそいつらのことをペチカ（ピーター）だのミンカ（ミハイル）だのと呼び、奴らは僕をマサチカ（正一）と呼んでいる。そこでは僕は日本人なのだ。上陸をするのにも大がいはこの連中と一緒だ。

そしてその学生の一人の紹介で、一等にいるやはりロシアのある貴婦人と知合いになった。亭主はもう七十に近い老人の総領事で、リュウマチで身動きもできずに一日寝ている。細君ももう五十に近いのだろう。ありがたいことには、でぶでぶと太ってもいず、せいも鼻も高くなく、大して西洋人らしい圧迫を感じさせない。一年ばかり夫婦で七里ヶ浜にいたのだそうだ。細君の望みで、たぶんタイクツまぎらしのためだろうと思うのだが、毎日二時間ずつ日本語を教えている。話はすべてフランス語でやるんだから、僕にとってはいいフランス語の先生だ。

この細君のお蔭《かげ》で、上陸のたびに、自動車であちこちを乗り廻している。モスクワ大学で歴史を専門にやったとか言っているが、しきりに民衆の生活を見たがって、田舎へ遠乗りしては百姓家などにはいってみる。僕が漢文の筆談でいろいろ用を足すので細君は大喜びだ。ペナンまでの支那人の勢力は実に恐ろしいくらいだ。あしたもまた、細君と二人で、コロンボから四、五里ほどある、セイロン島第一の高峰、何とかいうのに登って、釈迦昇天の旧跡だという大きなお寺へ行くはずだ。

船の中でやろうと思った仕事はちっともできない。あつくてとてもキャビンには居れず、デッキでは騒々しいし、食堂兼喫煙室も同じように騒々しいし、やる場所がないのだ。それでも幾度かやろうと思って、食堂にはいってみたが、汗ばかり出てとても一時間と辛棒《しんぼう》ができない。『種の起原』を二、三章と『改造』への第一回通信をほんの少し書きかけたくらいのものだ。この通信はデッキ・パッセンジャーという題で、そこのいろんな人間のことを書いてみようと思う。「自叙伝」は手もつけてない。

海は実に平穏無事で、今までまだ船の動揺を感じたことがないくらいだ。これだけは実にありがたい。それでも、一時間ほど仕事をすると、少し胸が変な気持になる。やっぱり酔心地でいるんだね。

マルセイユに着いたら電報をうつが、これからはもう心配なしに港々で手紙を書こう。合服と夏服とレインコートをすぐ送ってくれ。

船がどこの国の何という船かということが分ってはまずいから、途中の手紙はいっさい発表してはいけない。

ルール占領の話で持ちきり　伊藤野枝ほか諸兄宛　一月

コロンボを出てから七日目、あしたはようやくジブチに着く。ジブチと言っても分るまいが、紅海のはいり口の、アフリカの仏領のごく小さな港だ。イギリスや日本の船だと、大がいその向う岸のアデンに着くのだ。

七日は少しうんざりする。しかし、あともうジブチとポートサイドの二つしか港がないんだと思うと、大ぶ心強くもなる。もう十日でマルセイユだ。

コロンボでは碇泊時間が短かったので遠出はできなかったが、近郊だけは走り廻ってみた。そして新聞を買ってみて、フランス軍がドイツのルール地方を占領したことを知って、内心大いに喜んでいる。そんなことであるいは大会*が遅れるかも知れない。

船の中では毎日その話で持ちきっている。そしてきのうからは、フランスが一部の動員をしたといううわさが広まっている。それだと僕にとってはなおいい。願わくば、も一度戦争が始まってほしい。そしていろいろ面白いことを見たい。

が、ロシア人どもは大恐慌だ。もし戦争が始まれば、フランスやスイスにいる旧政府の大官どもがきっとロシア人を動員してフランスを助けるに違いない。そんな目に遭っちゃ大変だ。というので、中にはすっかりふさぎこんでいるものもある。僕はポートサイドで降りようかしら、などと言っているものもある。

きのうの夕方近くから、初めて船が少し揺れた。僕は例の通りで、すぐキャビンで横になったが、しかし夕飯は食堂へ食べに行った。西洋人の女が一人と支那人が一人とのほかはみんな出て来ていた。しかしそれもゆうべ寝ているうちにすっかり治ってしまった。

きょうは大ぶ勉強して、デッキ・パッセンジャーのあとを書き続けた。ポートサイドまでには書いてしまいたいと思うが、あてにはならない。コロンボで買った人間の頭くらいの大きさのアナナスの貯えが尽きて閉口している。アナナス、バナナ、僕はこんなにうまい果物をこんなにうんと毎日食っただけでも、こんどの旅行は十分に値打ちがあると思っている。

＊大会――大会は一月末～二月初めに開かれる予定なので、間に合わないおそれがあった。

アフリカとアラビアの山が見える　伊藤野枝宛　二月六日

ジブチには夜着いて朝早く出帆したので何も見ることができなかった。もっとも、ごく小さな町で、ほんの石炭を積み込みに寄るところなので、別に見るものも何もないんだそうだ。紅海と言ったところで別に赤くはない。やっぱり青い海だ。ほんの小さな、狭い海かと思っていたが、ところどころに島が見えるだけで、両岸はちっとも見えない。そしてこの紅海にはいってから、この航路での最初の暴風に遭った。ジブチを出た翌日の夕方から始まって、次の日の朝には静かになったが、初めて僕は朝食を食いに食堂へ行かなかった。しかし吐いたり唸《うな》ったりする醜態は演じなかったからえらいものだ。

きょうはこの紅海が大ぶ狭くなって、アフリカとアラビアの両方の山が見える。たぶんシナイ山だろうというのも見た。あすの朝はスエズだ。そこには寄港しないことと思っていたら、やはりちょっととまるらしい。

スエズに着いて運河にはいった　伊藤野枝宛　二月七日

朝起きて見たら、とうにスエズに着いて船はとまっている。が、上陸する時間はなく、朝食を食っている最中に船は運河の中にはいった。

マダムからニース行きの誘い　伊藤野枝ほか諸兄宛　二月十一日

地中海はいつも荒れるので有名なところだ。大いに恐れをなしていたが、案外静かだ。もっとも、紅海でちょっと荒れたときくらいには、いつも船が動揺している。しかしまだ一度も吐かない。飯もいつも通り食っている。

けさは起きるとすぐ、イタリアとシシリー島の間の狭い海峡を通った。いよいよヨーロッパにはいったのだ。エトナ山は盛んに煙を吐いていた。今もある火山島のすぐそばを通っている。

長い間の船ももうあしたでおしまいだ。あさっての朝は早くマルセイユに着く。何よりもまず、船の中の食事のまずかった補いに、うんとうまいものを食いたいと思う。朝はパンとコーヒーかミルク。昼と晩は三皿。昼はチーズがつくが、バターは一週間に一度しかない。砂糖気に飢えていることおびただしい。

三等にはお茶は出ない。毎日四時になると、一等の例のマダムのところへお茶の御馳走になりに行く。

マダムはロシア人のお供が一人いるのだが、それはフランス語が分らない。で、不便で困るから、ニースまで見物がてら一緒に行かないかと言う。マダムはこのニースあるいはゼノアで落ちつこうというのだ。僕もいい機会だから、マルセイユでパリへ電報を打って、もしもう大会が済んでいたら、一週間ばかりニースへ行こうかと思う。ニースはイタリアの国境に近い、フランス第一の好避寒避暑地だ。そこへロハでうんといいホテルに泊って、まだ書き残してある原稿を書くのも悪くはない。もっとも御亭主がすっかり衰弱してまるで動けないのだから、マルセイユへ行ってからの都合で、どうなるかまだよく分らない。

時間がなくて、行きたいと思っていたカイロへ行けなかったので、ポートサイドでその写真帳を買った。魔子へのお土産にフランスから送ろう。ポートサイドではエジプト煙草やトルコ煙草が馬鹿に安いのでうんと買い込んだ。もっとも百本以上はマルセイユで高い税金をとられるそうだから、何とかしてうまく持ち出さなくちゃならない。

マルセイユ着、大会は延びた　伊藤野枝ほか諸兄宛　二月十六日

十三日の朝早くマルセイユに着いた。前文を書いてからそれまではキャビンの中にばかり閉じこもっていた。大して荒れたわけでもないが。

マダムのニース行きが少し延びることになって、僕は一日マルセイユ第一のホテルにお客となって、翌日リヨンに来た。

おいねさん〔カネの意味か〕は受取った。二、三日中にパリへ行く。会〔国際アナキスト大会〕は注文通り四月一日に延びた。きょう××宛で電報をうつ。

僕の来たことは絶対秘密　林倭衛《しずえ》*宛　二月二十六日頃

僕もやって来た。

きょう××街へ行ってY*に会った。君が四、五日中にこちらへ来るというようなうわさだそうだ。もし本当なら大至急やって来ないか。もしまた君が来られなければ、僕の方から行く。もっとも今すぐというわけには行かないが。

最近に、伊藤から君にあてて手紙を出したはずだ。もし着いていたら、それを持ってきてくれ。君にあててはあるが、実は僕にあてたものなのだ。

僕の来たことは絶対秘密。

＊林倭衛――一八九五～一九四五。一三～一八年、大杉らの同志集会に参加。画家となり、大杉の肖像画を二科展に出品。警視庁から撤去を命じられる。二年前に渡仏、大杉の世話をする。フランスでの大杉との交流を「仏蘭西監獄及法廷の大杉栄」と題して『改造』二四年六月号に発表した。以下、林宛の書簡は同稿によっている。

＊Y――青山義雄。画家で林の友人。『文明批評』創刊のとき、挿絵の打ち合わせで、二、三回会ったことがある。

毎日パリ郊外の中国同志と会見　伊藤野枝宛　三月一日

三月一日正午、と言っても、東京では午後十時二十五分だ。パリにて。

ここに来てもう十日近くなる。

停車場からすぐリベルテール社＊へ行って、前に手紙をよこしたコロメルという男に会った。フランスでは老人連は戦後みなひっこんでしまって、今ではこの男が一番の働き手だ。まだ三十そこそこだろう。四、五人労働者の同志がいて、ごたごたしていたが、ちょうど静ちゃんみたいな若い女が一人いて、それの案内ですぐ近くのホテルに泊った。

その女はイタリア人で、やはり、このホテルに泊っているのだ。ホテルというと立派なようだが、しかもグランドホテル何とかと言うのだが、実は木賃宿だ。僕の室《へや》は三階の六畳敷ぐらいの室だが、ファニチュア付で一ヵ月百十フラン（十五円ばかり）だ。ガスがあって自スイのできるようになっている。リヨンから日本語のうまい支那の同志を一人連れてきているので、そいつと二人で自スイをやっている。

その晩、夕飯を食いにそとへ出てみて驚いた。この辺はまるで浅草なのだ。しかも、もっと下等なのだ。貧民窟で、淫売窟で、そしてドンチャンドンチャンの見世物窟だ。軒なみにレストランとカフェとホテルとがあって、そして人道には小舎《こや》がけの見世物と玉転がしや鉄砲で何かあてる変な屋台店ばかりが並んでいる。そしてそれがみな浅草のよりももっと下等で、そこへうじょうじょ寄ってくる人間も日本のよりももっと下等なような気がする。浅草というよりもむしろ、九段の祭りのときのようなものだ。九段の祭りといっても、もう十年余りあるいはそれ以上にも行ったことはないが。そしてそのいたるところに、やはり日本のよりももっと汚ない（顔も風《ふう》も）ような淫売がうようよしている。レストランで飯を食ったが、やはり日本の一品料理みたいなものだ。一品二、三十サンチームから一フラン半くらいまでだ。日本の金で一円あれば鱈腹食える。もっとも、定食のある家へ行くと、三品か四品で二フラン半、三フラン、三フラン半くらいで食える。そして、食っている間にも、あちこちに淫売が陣どっていて、しきりに目でいろんな相図《あいず》をする。ちょっとでもその方を見つめていると、すぐそばへやって来て、坐りこんで、カフェを一杯勝手に注文する。

翌日、郊外にいる支那の同志連を訪問した。自動車でパリのちょうど目抜きの大通りを通ったが、そこで初めて僕はパリに来ているのだという気がした。それまでは、どこも分らない、ただヨーロッパの文明のはいっている野蛮国にでもいるような気がしていたのだ。この貧民窟のことは少し詳しく書いてみたいと思う。

その後はほとんど毎日、支那の同志とばかりの会見だ。リヨンにも十人ばかりいたが、ここにも二十人ばかりいる。それをまとめてしっかりした一団体をつくらせようと思うんだが、ずいぶん骨が折れる。しかしもうほぼまとまった。そしてベルリン大会のあとで、この支那人連の大会をやることにまでこぎつけた。

支那の連中はみんなずいぶん貧乏で、半年どこかの工場で働いて、一ヵ月六百フランばかり貰う半分を貯金して、あとの半年をどこかの学校で勉強するというような具合だ。リヨンから来た先生の費用は全部僕が受持っているんだが、その他の先生らも一緒にどこかへ行くにはみんな僕をあてだ。パリから四、五時間かかる田舎の農学校にも大分同志がいるので、そこへも四人連れで行った。そんなことでもうほとんど文なしになった。

しかし、もうその方の用事はほぼ済んだので、リヨンからの先生もきのう帰った。そしてゆうべから一人ぼっちになって、しばらく目でいい気持で寝た。

イタリアの女はその間に宿から逐い出された。アナキストだというのでやはり警察がうるさいのだ。警察のうるささはほとんど日本と違わない。ある点ではこっちがもっとうるさいかも知れない。

もっとも最近に、僕が来る少し前のことだが、ある女の同志が王党の一首領を殺してから、なおさらうるさいのだそうだ。その女とはイタリアの女はごく仲のいい友人だったそうだ。リベルテール社の前には二人か三人、制服が見張っている。三日ばかり前の晩に、同志の音楽会と芝居とに行ってみたが、その入口には十人ぐらいの憲兵が見はっていた。しかし何よりもまず厄介なのは、外国人は勿論《もちろん》、いっさいの内国人ですらも、みなその居住地の警察の身分証明書を持っていなければならないことだ。それがないと、すぐ罰金か牢屋だ。

フランスへはいればもう大丈夫だと思ってきたが、この分だとすこぶる危険だ。が、大会の済むまでは捕まりたくないものだ。

林はマルセイユの近くでしきりに描いているそうだ。こっちでは酒と女と喧嘩で暮したのだそうだが、近日会えるだろう。大石（大石七分）は去年の暮れに細君と子供を帰して、今は一人でいる。例の山は、詐欺みたいな目にあって、すっかり人にとられて、今は無一文だと言っていた。そして自動車を日本へ送って、そのコミッションで食っているのだそうだ。一昨日会ったんだが、なるほど、大ぶ質素な暮しをしている。きのうはアトリエへ引越したはずだ。

船の中で書きかけた原稿を、今日からまた始める。二、三日中に送る。それを改造社へ持って行って、金にして、また電報為替で送ってくれ。改造社には百円ばかり借りがあるんだが、それはあとに廻して貰うことにして、金や手紙はやはり前便で言ったところがいい。名は C. T. Tung.

本や雑誌はみな受取った。『自由連合』が来ないが、まだ出ないのか。

ドイツからまた電報をうつ。

＊リベルテール社——フランスのアナキスト連盟機関誌『ル・リベルテール（自由）』発行所。

マダムとはプラトニック　林倭衛宛　三月二十一日

やっぱり今日は行くんじゃなかった。きのうのままでわかれてしまえば、大ぶ甘いロマンスとしてその記憶が残るんだったろうが、きょうはもうそれをすっかり打《ぶ》ち毀《こわ》してしまった。誰にも話してない、また今からも話さない、というはずだから、そのつもりでいてくれ。もう疲れ切った。停車場の前のカフェで今、四杯目のカフェを言いつけた。これからまた下に降りてもう二、三軒カフェの梯子《はしご》をやって、十一時何分かの汽車で立つ。

マルセイユはいやなところだ。アンチーヴはいいところであってくれ。

マダムのアドレスは——きのうノアイユ〔泊ったホテル〕で聞いたのとはまるで違っていた。お蔭《かげ》できょうはずいぶんあちこちを駈け廻って、マダムは君のことを大変 Sympathique だと言ってほめていた。例の C'est vrai〔その通り〕がよほどお気にめしたものらしい。そして僕がさらにそれを説明して、**Vous avez une raison**〔それも一理ある〕と言ったことを、僕が一人ぎめで付け加えたものと考えているようだ。また、その間違いで、そしてこんどはうんと立ち入って三時間ほど庭でおしゃべりした。僕はこれで、外国人とは二度目のプラトニックだ。が、プラトニックはもういやだ。バル・タバランのダンスーズの方がよっぽどいい。二十日午後八時。

今リヨンに着いた。またあの色っぽい女のところにでも当分いよう。二十一日朝。

僕の家への手紙は開封される　林倭衛宛　三月

こっちへ来て以来、風引きでじっと寝ている。文なしの時には、かえってその方がいいかも知れない。

今パスポートをパリへ送って、ドイツ領事のヴィザを貰う手続きをしている。遅くとも一週間後には返事があるだろう。

君の方の形勢はいかが。君のこったから、一日や二日はおろか、半年たっても一年たってもたぶん話はつくまいと思うがね。と言われて憤慨するなら、早く当って砕けて、こっちへ来いよ。

それから君に言うのをすっかり忘れていたが、僕の家へ手紙を出すなら、その中には僕のことはいっさい書かないように。開封される恐れどころじゃない、必ずされるにきまっているのだから。アドレスは本郷駒込片町でいい。

絶食療養中だ　林倭衛宛　三月二十六日

顔を見合わしてにやにやはいいな。

僕は本月一ぱいここでうんと仕事をするつもりで来たんだが、翌日から風で寝てまだ寝たままでいる。大したこともないいんだが、キニンを飲んだので腹をすっかりこわしてしまった。今、絶食療養中だ。

あちこちへ手紙を出したのが、きょうようやく君の返事だけが来た。

ドリイ——僕のダンスーズだ——にも、たいくつまぎれに(と言い訳しないとやはり気が済まない)ふざけた手紙を出しておいた。

僕は本月一ぱいここにいる。そしてもしヴィザが貰えなければテクで行く。それまでにはこっちへ来られまいな。

この三日ばかりいい天気になってほんとに春らしくなった。が、病気だったり、ことに文なしだったりした日にゃ、春も女もへちまもない。二十六日。

僕はまだ見ない、
君はまだものにしない、
そして恐らくは二人とも永久にまだまだであるだろう。

何とかマドモアゼルによろしく。

財布の病気をよくしなくちゃ　林倭衛宛　三月二十八日
当って砕ける気もなしか。じゃ、仕方がない、早く尻をまくって逃げるんだ。
ヴィザの方は、きょうのパリからの手紙によると、警察の証明がありさえすれば、貰えそうな形勢だ。きょうその手続きをする。すると、うまく行って出発は来月の十日頃だろう。

それまでには君もやって来れるね。

風も腹もほとんどよくなって、きょうは起き上がった。が、まだフラフラする。今度は早く財布の病気をよくしなくっちゃ。二十八日。

純然たるアナキスト運動に疑い　伊藤野枝宛　三月二十八日

すぐドイツへ行くつもりで二日にここへ来たのだが、それ以来、風引きで寝たきりでいる。もっともパリを出る晩から少しいけなかったのだけれど。

風は大したことではなかった。が、宿のお神さんの親切で、キニンとアスピリンとを飲んだら、すっかり腹をこわしてしまった。幾度下痢をしたかと聞くから、きょうは五度だと言うと、そんなことでは駄目だ、もっとうんと下さなければ風は治らない、と言うのだ。とてもたまったもんじゃない。それから、もうお神さんのいっさいの親切を辞退して、三日間食わず飲まずで寝たきりでいた。それで、きょうは下痢もとまったようだ。風の方も鼻がまだ少しグズグズ言っているぐらいでもうほとんどいい。

それにこの間、実はまるで無一文でいたのだ。パリを立つときCに少し貰ってきたのだがH（林倭衛）と僕との二人分のホテル代を払ったり、汽車賃を払ったりなんかしているうちに、その金がすっかり無くなってしまったのだ。Hは南の方に帰って屏息《へいそく》している。また、Cに無心状を出しておいたが、まだ返事がない。

外国でこんな目に遇《あ》うのもちょっと面白い。

ここへ来たら、ちょうど二月はじめの手紙がついていた。僕についてのいろんな風評は日本や支那の新聞でちょいちょい見ている。仲間同志のことや運動のことは、遠くからやきもきしたところで何にもならないから、いっさいなるがままにまかしておこう。

太ったのはいいね。僕は船の中で大ぶ痩せたのが、その後ますます痩せて、カラーやシャツを買い代えたくらいだ。そしてまたこんどの病気でゲッソリ痩せた。

あの手紙を出したすぐあと頃に、僕からの電報が着き、なお続いて船中からの手紙が着いたのだろうと思うが、ずいぶん不便なものだよ。Yに話したKへの言《こと》づては間違っている。毎月と言うのではない。ただあの時きりの約束なのだ。

社での問題の、結局は大衆とともにやるか、純然たるアナキスト運動で行くかは僕もまだ実は迷っている。純然たるアナキスト運動というそのことにはまだ僕は疑いを持っているのだ。これはヨーロッパで今、問題の焦点になっている。そのことは通信で書いて行く。

風で寝た二日目か三日目かに『労運』への第一回の通信を書き出した。そして三十枚近く書いて熱でほとんど倒れるようにして寝てしまった。あしたからまたそのあとを書き続けよう。要するに大会を理解するために、大会前のいろんな形勢を書こうと思うんだが、それだけでも大ぶ長くなりそうだ。『改造』への通信もまだ未定のまま放ってある。これもこんどこそは本当に書きあげる。

原稿は××に宛てよう。

大会はまた日延べになって、ところもどこかほかに変ることになった。ドイツではとてもやれそうにないのだ。しかし、とにかく僕は今すぐドイツへ行く。ベルクマンやエマもいるようだし、マフノと一緒に仕事をしたヴォーリンなどという猛者《もさ》もいる。ロシアのことはベルリンに行かないと分らない。本月中にはその手続きができそうだったのが、もう十日くらい延びそうだ。もしできなければそっと国境を歩いて、越そうと思っている。それもイタリアとイギリスへ行けば僕の用事は大がい済みそうだ。大会が延びるなら延びるで、その前にできるだけあちこち廻ってきたい。愚図愚図して大して研究するというほどのこともなさそうだ。材料だけ集めればたくさんだ。一年の予定はたぶんもっとよほど縮まるだろう。

前の手紙で金を千円つくって送るように書いたが、都合ではその半分でもいい。電報為替で。そしてそのあとは、『改造』の原稿料だけを普通の為替にして送ることにしてくれ。毎月三百円は欲しいのだが、二百円くらいしか書けない。宛名は以後すべて所は同じで Monsieur T. John. としてくれ。そして手紙ならそのそばに漢字で章先生*と書いておいてくれ。

フランスに来てからほとんど毎日雨ばかりだったのが——ちょうど雨季だったのだ——三、四日前から晴れて、大ぶ春らしくなってきた。パリの街路樹が新芽を出す頃はずいぶんよかろうと思うのだが、その頃は暗いドイツにいそうだ。フランスの景は実に明るい。都会でも田舎でも、重苦しいようなところはちっともない。

足下や子供らのからだにつけるもののいろんな寸法（メートル）を知らしてくれ。二百円もあればいい加減にトランクに一ぱいほど買えよう。

もう目がまいそうだ。二月号の『労運』見た。三月二十八日。

＊章先生——章警秋、別名・章桐。リヨンにある中仏大学の留学生で、大杉の世話をした同志。二十八歳、中国人同志の領袖株、今度の大会の中国代表でもある。約二百人いる中国人留学生は寄宿舎生活だが、彼と妻だけは部屋を借りて住んでいる。足が不自由。

運動が復活しかけている　近藤憲二宛　日付不明

いろんな奴に会ってみたが、理論家としては偉い奴は一人もいないね。その方がかえっていいのかも知れないが。が、戦争中すっかり駄目になった運動が、今ようやく復活しかけているところで、その点はなかなか面白い。そして若いしっかりした闘士が労働者の中からどしどし出て来るようだ。この具合で進めば、共産党くらいは何のこともあるまい。共産党は分裂また分裂だ。

イタリアはファシストの黒シャツのために無政府党も共産党もすっかり姿をかくしてしまった。ドイツはよほど、というよりはむしろ、今ヨーロッパで一番面白そうだ。そこでは無政府党と一番勢力のある労働組合とが、ほとんど一体のようになっている。そしてロシアから追い出された無政府主義の連中が大ぶ大勢かたまっている。

ちっとも通信をしないんで編集の方に困ったろうが、こんどは書く。もう大ぶ書けそうになってきた。

（絵葉書の女に）どうだい、これなら君の好きそうな女だろう。一晩十五円なら大喜びで応じてくれるよ。やって来ないか。

金が受取れたら　林倭衛宛　三月二十九日

今あのチンバさんのところで昼飯を食っていると、学校から君の二通の手紙をとどけてくれた。ははあ、ちょっと形勢が面白くなってきたね。出ないという約束をさせられたのは大出来だよ。毛唐、ことにフランスの女などというものは、そういったちょっとロマンチックなことが好きなんだね。こっちもそのつもりでうんとロマンチックに出るさ。が、話ができないんじゃ困るな。まあ先生たる恋人に、一々《いちいち》こういうことはどう言うんです、とでも聞いてから話すんだね。それもロマンチックの一方法だろうよ。

僕なんかちっとも惚れていなかったもんだから、始めっからバカにリアリスチックに出てしまって、すっかり向うを失望させてしまったんだ。あんなお婆さんのくせにロマンチックもへちまもあるもんか。

パリからの返事を待っているうちに、それもまだ来ないんだがね、思いがけなくウチから金を送ってきた。もっともちょっと厄介なことになっているんで、それを受取るのは明後土曜かあるいは次の月曜になりそうだが。

それで、それが受取れたら、僕はすぐまたパリへ行くかも知れない。そして都合ではベルギーからオランダへ出て、さらにドイツにはいることになるかも知れない。そうなれば、それからオーストリア、スイス、イタリアと大旅行をしてくる予定だ。

牛の糞だか、甘露の塊りだか何だか知らないが、踏めそうなら踏んでみるさ。僕の方も君の方も、手紙のたんびに予定がくるって来るようだが、あすかあさってかのどっちかの手紙では、こんどはどうなるか。二十九日。

ヴィザが難問題らしい　伊藤野枝宛　三月三十一日

前の手紙を書いた翌日、金のついた知らせが来た。思いがけなく着いたものだから、やっぱりウチが一番ありがたいなと言ってみんなに笑われた。もっともどうした間違いか、あれは銀行へ預金することになっているそうで、すぐ手にはいらない。それをいろいろと手を廻して、今朝は受取れるはずだと言っていたが、まだ何の沙汰もない。あすは日曜で駄目、あさってても祭日で駄目。三日には手にはいるだろう。それともう一つの面倒は、銀行でも、郵便局でも、すべて金を受取るのには警察の身元証明書という奴が要るんだ。だから、宛名はやはり実際にいる人でないと駄目だ。で、前便に言ったように、これからはすべて××××にあてててくれ。

風も腹ももうすっかり治った。が、その後また雨が降りだしたので、まだ本当にはいい気持にならない。原稿もきょうようやくあとを書き続けたところだ。

昼飯を食っているところへ、コロンボからの手紙を見たという、大変なお叱りの手紙がとどいた。あなたからあれに似たような宣言を受けたことがもうこれで幾度目だろう。そしてそのたんびに、はたしてそれは僕の方が悪かったのだろうか、あなたの方の考え違いだったのだろうか、僕は後者だと言いきる。あなたもいつもあとでそうだとは言っていたが、心の奥底の中ではどう思っていたか知らない。こんなに幾度も同じことが繰返されてくるんではなおさら僕には分らなくなる。

その後また、幾度も同じような手紙が船から出されているのだから、あなたのそのいやな気持はたぶんますますつのっているのだろうが、はなはだ相済まない気持もすると同時に、僕の方でも少々いやになる。もう幾年もの間一緒にいて、それでまだそんなに僕はあなたにとって不信用な人間なのだろうか。そんな時の僕のモットーはいつも、じゃ勝手にしやがれだ。が、そのモットーをあなたにだけはまだ一度も出したことがないのが僕の弱味だ。こんどだってやはり出せない。

が、もうそんな話をくどくどとするのはいやだ。この手紙の着く頃には、いやもうそのよほど以前に、あなたの心はきっと、もと通りに和《やわ》らいでいるに違いない。もしそうでなかったら、その時にはまたその時のことだ。もっとも、今くどくどとその話をする方が、あなたのある心を満足させるに違いないことは分っている。しかし、これはお願いもするのだが、もう少し女らしくなってくれ。あなたの心の中の女の増長をとめてくれ。

もういいね。それとももっと書こうか。あなたのことばっかり考えている、子供のことばかり考えている、という嘘っぱちをうんと並べてみようか。そんなこともいやだろう。

実際僕は、あなたもよく知っている通り、そしてあなたがよく不平を言う通り、余計なこと（でもないだろうが）はあんまり考えない人間だ。考えたって分らない、またどうとも仕方のないことは、まず考えないことにきめている人間だ。そう修業してきた人間だ。今も、実際、ウチのことなぞはそうくよくよと考えていない。これからだって、そうくよくよと考えそうもない。社のことだってそうだ。また日本の運動のことだってそうだ。留守中に何とかしてやって行けるだけの方法はとにかくつけて来たつもりだ。それができるできないは、後に残るものの力だ。力がなくって、または何かの不慮の出来事で、それができなくなったところで、仕方がない。そんなことはウチを出るとうの前からあきらめている。だが、やはりもうよそう。いくら言ったたってきりがない。

ここまで書いたところへ、前に言った金が受取れたといって持ってきた。これで、まず大助かりだ。

あとは、ドイツへ行くヴィザの問題だが、これは大ぶ難問題らしい。まだ何ともきまりがつかない。都合ではベルギー、オランダ、と廻ってドイツへはいろうかとも思っている。パリで事を運ばせるつもりだったんだが、やはりその前にこっちの警察の証明が要るんだ。そしてその警察がまた、バカにうるさいんだそうだ。国境をそっと抜けてみたいんだが、ほかの先生らが危険を慮《おもんばか》ってなかなか承知しない。

警察の方の話がついたらまたパリ行きだ。それからあとはどこへどうふっ飛ぶことやら。が、行く先の国が変るたびには電報をうつ。

きょうはもう原稿もよしだ。これからリヨンの町へでも遊びに行こう。ここは郊外だ。そして靴がもう底に穴があいたから新しいのを一つ買おう。百フランなら上等のがある。子供らにも何か買おう。が、ここから出すのは少し危険だから、パリから送る。三月三十一日。

ようやく金が受取れた　林倭衛宛　三月三十一日

K*の方に金が来たんでは、お互いに思いがけないところで助かるね。僕の方もきょうようやく金が受取れた。今晩は一つ、久しぶりでウンとうまい御馳走でも食おうと思う。

僕はパリへ送ったパス（パスポート）を送り返すように言ってやったんだが、それがまだ着かないので、そして明日は日曜、明後日は祭日ときているので、早くとも三日にならないとそれが受取れそうもない。それが来るとこんどはそれを持って、こっちの警察へヴィザを貰いに行くんだ。そしてもしドイツ行きがうるさければ、ベルギー行きにする。それからあとはまたあとのことだ。すると、まだ、ここを立つのは四、五日後になりそうだ。

約束なんか破ってそれまでに来いよ。三十一日。

＊K——小松清（一九〇〇～六二）。二一年、渡仏。コロメルに日本のアナキストとして大杉を教え、

招請を薦めた。林とは知己の仲。のちにマルローやジイドを紹介したフランス文学者。

バルビュスらの評論を書きたい　林倭衛宛　四月二日

土曜日に手紙を書いたんだが、その日のうちに出たかどうか。日曜の朝、君の手紙を見た。マルセイユ行きまでもとめられたのか。それをまた唯々諾々ときくようじゃ、なるほど君もあまいもんだね。先生そうやってどこまで君が彼女の言うことをきくか試験しているんだね。そして自分の一種の征服欲を満足させているんだね。それをうんうんきいてやっているのもいいが、たまにはこっぴどくはねつけてやるさ。そうしなけりゃ彼女の本当の熱は燃えてこないよ。そしてそのときにもし燃えなけりゃ、そりゃ本当の遊びに過ぎないんだね。

僕は日曜のいい天気に田舎へ行ってうんと遊んだので、しばらく寝ていて変になったからだがすっかり回復した。きのうは大いに仕事をした。きょうもまたうんとやれそうだ。

バルビュスの肖像がうまく行くといいがね。僕もバルビュス（共産党）とアナトール・フランス（共産党から除名された）とロマン・ローラン（まず無政府主義）との三人に会って、三人の比較評論を書いてみたいと思っているんだが、それには三人の本を大ぶ読まなければならんのでまだいつのことになるか分らない。

パリからまだパスが来ない。

リヨンではまだ女を知らない。君のような悪友がいないもんだからね。火曜二日。

未だにヴィザが出ない　林倭衛宛　四月十七日

きのう高等課へ行くと、金曜日に警視庁へ廻してあるから、今からすぐ向うへ行くといい、たぶんもうできているだろうから、と言う。喜んで行ってみると、まだだ。Il faut attendre quelques jours（数日待たなければならない）だと言う。いろいろ文句を言ってみたが、要するに、Il faut attendre quelques jours（ケルク・ジュール）のほかに rien à faire（どうしようもない）だ。

あしたとかあさってとか言われていた間は、まだ多少の望みを持って待っていられたが、ケルク・ジュールになると、あしたになってもあさってになってもやはりまだケルク・ジュールだ。が、もう一、二度さい促に行って、本週じゅうくらいには貰えるだろうくらいの望みで、きのうはその帰りにゴリキーの En gagnant mon Pain という自叙伝小説を買ってきて、きょうまでそれを読み耽《ふけ》っている。

パリはどうだ。景気のよしあしにかかわらず、とにかく飲んで買いに行ったろう。

僕の手紙は二重封にして、そとはＪ（章警秋）にあてて学校へ送ってくれ。

もう十七日だ、いやになっちまうよ。

くさくさすることおびただしい　林倭衛宛　四月十九日

きのう電報を受取った。金はまだ来ない。

きのうの午後また警視庁へ行った。するとこんどはケルク・ジュールどころではなく、ア・ラ・スメエン・プロシエン（来週に）になった。来週になってまた行けば、こんどはオ・モ・プロシエン（来月に）になるのかも知れない。

うちのオヤジをつかまえて、なぜこううるさいんだろうと話しかけたら、オヤジももう三度いろいろ調べられたと言ってこぼしていた。君のことも聞いて行ったそうだ。そしてことにきのうの朝は、君のことについてだけ聞きに来たそうだ。

事によると、パリでも君のことを調べているかも知れない。こんなにして一々《いちいち》調べて行って、それがいっさい済んでからヴィザをくれるとなると、オ・モ・プロシエンがこんどはまたア・ランネ・プロシエン（来年に）になるだろう。くさくさすることおびただしい。十九日。

注　この手紙にあるようにドイツ行きのヴィザは延々と延ばされ、当てにできない。諦めてパリへ行き、郊外のサン・ドニで行われたメーデー集会に参加。ここで演説を行って逮捕、禁錮三週間の判決を受け、ラ・サンテ監獄に収監される。次の書信は出獄して翌日の送信。

国境まで出ろという命令　林倭衛宛　五月二十五日

きのうの朝、放免と同時に警視庁へつれて行かれて、すぐ国境まで出ろという命令を受けた。警視庁から大使館へパスポートを貰いに使いが行って、それと一緒に杉村氏（大使館参事官）がやって来て、いろいろ骨を折ってくれたが、要するにどうしても命令の撤回も緩和もできないという強硬さだ。

それでも最初はスペインの国境以外には行けないということだったが、最後にマルセイユまでときまって、八時のラピッド（特急列車）にガール・ド・リヨン（リヨン駅）まで送られて来た。
牢やで大ぶ疲れているし、一等寝台としゃれて、ここノアイユに落ちついた。
着くとすぐ領事館へ行って、パリから着任早々の何とかいう若い領事に会った。先生はまだ何にも知らずにいた。が、とにかくパスポートなしで船に乗れる方法を講じてみようということになった。領事も大使館と相談すると言っていたが、なお誰かに行って貰って、杉村氏によく頼んでくれ、お礼も言ってくれ。

金は今、三百フランばかりしかない。はなはだ相済まないが、友人諸君から金を集めて日本までの船賃をつくってくれないか。日本へも今電報を打ったが、ちょっと当てにならない。

そしてその金を持って、ここまで来てくれないか。というのは、リヨンにある荷物も取ってきてほしい。外《ほか》にもいろいろ頼みたいことがある。そのつもりでJにも手紙を出しておく。が、もし君が来れないようなら、Jへもそう通知してくれ。リヨンへ寄ったら Elisée Reclus の L'homme et la terre（ルクリュ『地人論』）というのの古本を買ってきてくれ。二百フランばかりだ。Jが知っている。

それから裁判所から受取ったケースの中に、予審判事が(この事実は弁護士も知っている)証拠物件として持ち出した、日本文の手紙や原稿なぞがはいっていない。これは弁護士と相談して、貰えるものなら貰ってきてくれ。

これはM*が一番よかろうと思うが、僕の拘引以来の、僕に関する新聞記事をあつめて貰ってくれ。

二日の『リュマニテ』にちょっとした記事があったはずだし、なお『エクレエル』とかいう新聞に、大ぶ詳しい僕のことがあったそうだ。これは弁護士が見せようと言っていたが、とうとう持ってこなかった。だから弁護士に聞けばよく分る。外《ほか》には、『リベルテール』以外に大したものはあるまい。

頼みたい用事はこれだけだ。

いろいろ心配してくれた友人諸君へも手紙を出したいが、アドレスが分らないので失礼する。みんなによろしく言ってくれ。

一体、ここにこうしていつまでいていいのか分らないが、そしてそれはたぶん黙認という形なのだろうと思うが、来月早々出る船で出発したい。たぶん日本の船になるだろう。二十五日正午。栄

倭衛兄

僕の拘引のために、いろいろ迷惑をかけた人達によろしくおわびを願う、ことに警視庁まで連れて行かれた人達に。

＊M――町田梓楼《しろう》。外国語学校の友人で同窓生。東京朝日新聞の特派員としてパリにおり、大杉を援助した。

ファーブルの本を送ってくれ　林倭衛宛　六月七日

いろいろありがとう。こんどの旅行では、君のためにすっかり助かったわけだ。他の諸君にもよ

ろしく。

地中海は実に平穏だ。天気はよし、まだあまり暑くはなし、ほんとにいい航海だ。こんな具合で、ずっと日本まで行ってくれるとありがたいのだが。あしたの朝は早くポートサイドに着く。が、上陸ができないんなら、どこに着こうと僕の大して係わり知ったことじゃない。

いろんなボーイどもが物好き半分にキャビンへ遊びにくる。ゆうべもごく若い、早稲田の工手学校を半分でよしたという男がやって来て、いろいろ社会主義の質問をして行った。

また、お願いがあるが至急日本に向けて、いつかもお願いしたことのあるファーブルの本を送ってくれないか。リヨンで買ったはずなんだが、荷物をしらべて見当らない。帰るとすぐ翻訳しなければならないものなんだ。

『自叙伝』の装ていを忘れるなよ。


白葡萄酒が半分しか減らない　林倭衛宛　六月十九日

できまいと思っていた上陸がポートサイドではできた。が、こんどはコロンボではとても駄目だろうとあきらめている。

紅海は実に静かだったが、アデンの沖頃からそろそろ荒れだした。それでも、多少船に馴れたものとみえて、ごく弱い僕が二等の食堂の日本人として威張って来た。

マルセイユを出るとすぐ買った白葡萄酒の一瓶が、まだ半分と少ししか減らない。ポートサイドで買いこんだ煙草もこの四、五日はちっとも減らない。
きょうは大分静かになった。あしたはコロンボだ。これでまず半分。六月十九日。

ドイツへ行ったら訪ねたかった　森戸辰男宛　八月十一日

お帰りのよし、きのう始めて新聞で知りました。ドイツへ行ったら是非お訪ねしたいと思っていたのだが。近日お訪ねしたいと思っています。

（広島大学蔵）

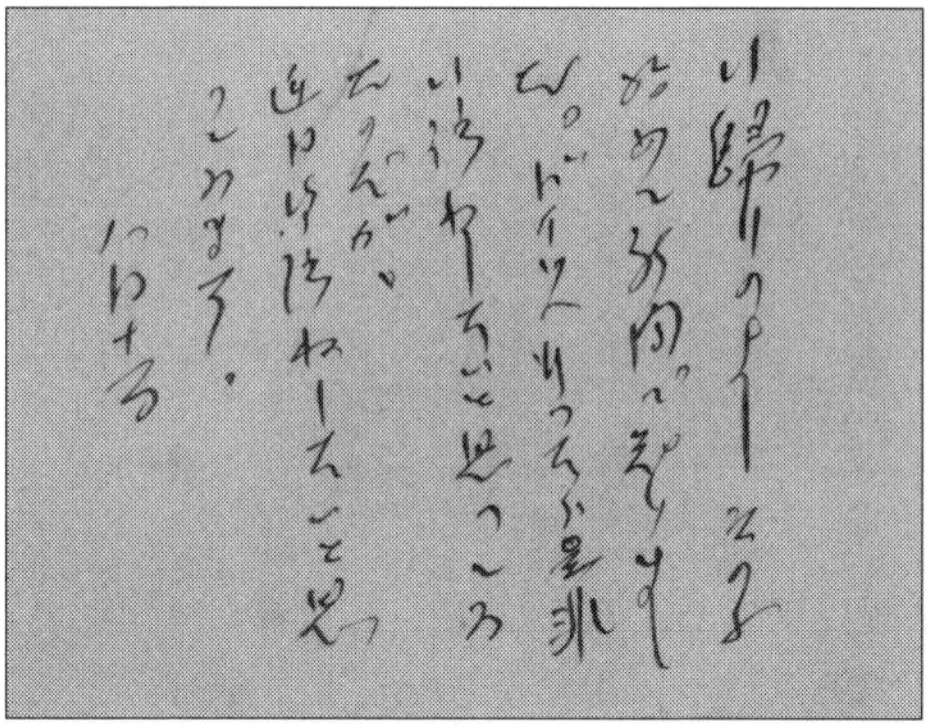

森戸辰男宛書簡・1923年8月11日

注　森戸辰男（一八八八～一九八四）は、東大助教授だった一九年、クロポトキン研究の論文で起訴され、禁錮三ヵ月を科された（森戸事件）。論文執筆の過程で、大杉を訪問するなど旧知の仲である。この時期にドイツに滞在していたので、大杉はドイツの情勢を聞きたかった。戦後、文部大臣や広島大学学長などを歴任した。

不敬罪のこと済まない次第だ　斎藤中孚*宛　八月十二日

帰ってからいろいろといそがしかったり、引越しをしたり、子供ができたりして、きょうようやく手紙の整理をするところ。返事の遅れたことは何分にもお許しを願う。

不敬罪のことはちっとも知らなかった。あるいはその頃何かで知ったのかも知れないが、ちっとも覚えがない。済まない次第だ。

しかし長い間を丈夫で出てきて、そして思想の上にも変りのないのは、何よりも結構だ。

今、僕らは『労働運動』という月刊を出している。前月は休んだが、来月できればすぐ送る。ほかに『小作人』というのも出ているが、それは社からすぐ送ってやる。

折々新潟方面のご通信を乞う。

＊斎藤中孚——新潟県在住の主義者。一九一七年十二月の大杉宛書信の内容が不敬罪に当たるとして懲役五年の刑を受け、この年、千葉監獄を出獄した。

金は今すぐとはいかないが　斎藤宛　八月二十四日

お手紙拝見。

帰ったばかりで、今は前々からの借金や留守中の借金の整理で、ほとんど昼夜兼行の忙しさで仕事をしている。

そんなことで、仕事をしてもろくに金ははいらず、ことに本月なぞは今どうしようかと考えているくらいだ。で、今すぐというわけには行かないが、来月の末頃からなら、また前通り何とかできようかと思う。

藤田の方へは、実は僕もあそこの社（東京毎日新聞）とはもう縁が切れたのだが、至急手紙を出しておくから、本人（堀保子）が二、三日中に行ってみるといい。社ではめったにつかまえられないから、私宅の方へ行く方がいい。私宅は芝公園の中で、御成門の停留場から左へ行って、すぐ右の小さな路地をはいって行った左側だ。番号は分らないが電話帳を見るといい。午前中、それも十時頃までなら大がいうちにいる。そして、行ったら取次に、僕のところから来たと言うがいい。

細君や妹さんによろしく。

注　別れた堀保子への生活費援助の申し入れに対する返信とみられる。来月頃からなら「また前通り何とかできよう」と応えている。藤田は、東京毎日新聞の社長・藤田勇。大杉は前月まで約二年半同紙の客員記者として籍を置き、手当も得ていた。

解説

収録した大杉栄の書簡は百八十八通。残され、収集できた書簡のほとんどを収め、全容を尽くしたと言っていい。収集できなかったものを含め、宛先の関係や内容のタイプは網羅していよう。書簡を通じての交流と活動の軌跡であって、論を説き、運動に起つ時とはまた違った大杉の顔が見える。活動の時の、親しく呼びかける、あるいは隔てられた時の、自己を提示、共同してきた大杉の肉声を聞くようでもある。

大杉の長文の手紙は、多事あった生涯で、三つの時期に集中している。初期の獄中からと、辻潤と別れた伊藤野枝と恋文を交わした「孤立」の時期、そしてフランスへの「脱出」前後の期間である。「変革」への社会運動を阻まれた、あるいは家族と離れていた時期だ。運動に従事していた時には、長文が必要な事情はあまり生じなかった。友人、知人とは訪問し合ったし、同志とは日常的に対面したほか、定例の同志集会と機関誌を継続していたからである。

同志集会は、『近代思想』創刊後のサンジカリズム研究会に始まり、平民講演会、労働運動研究会、北風会、東京労働運動同盟会と、孤立の時期を除いて、死の前年まで続いた。思想、情報の伝達、討論の場であり、運動推進の母体であった。機関誌もまた重要な伝達メディアであり、同志たちは大杉の関心、動静を誌面から知ることができた。


獄中からは、主として妻の堀保子宛である。頼りにできる唯一の家族で、差入れの都合などもあるから当然だが、内容は同志向けを意識しての消息も多い。それらは機関誌に掲載され、情報が共有された。

保子個人への伝達で、気にかけたのは健康や生計のこと。借金などの金策や雑誌経営の方策などに、細かな助言を与えている。そして、それにも関わらず、他方では、飽くことなき書籍差入れの要望である。刑期の長い千葉監獄では「生物学と人類学と社会学との大体を研究して、さらにその相互の関係を調べてみたい。……そのかたわら、元来好きでそして怠っていた文学書を猟《あさ》りたい」と多岐にわたる大量の依頼をして、書面を賑わしている。

さらに保子に奮闘を強いたのは、大杉の父死後の処置であった。継母への対応、遺産の処分、とくに弟妹を養育していく上での留意。これらに「僕の責任を尽さねばならぬ」として保子に送った詳細な指示は、親なき弟妹への思いやりを込めたものであった。

五度に及ぶ獄中生活の後、大杉が再び長文の書簡を出すのは、〇六年、「フリーラブ」を実行して非難を浴び、社会的に孤立した時期。伊藤野枝と恋の往復書簡である。大杉が三角関係のもう一方、神近市子に刺される日蔭茶屋事件が起き、書簡は裁判の参考として押収され、まとまった一束として残された。

野枝との恋愛は、前年一月、送られた手紙に「恋らしい情熱が湧」いたのに始まり、この二月には初めての逢いびき、日比谷公園でのキスにまで進んだ。野枝が夫・辻潤と別れてからの往復書簡は、恋愛を一挙に深め、結ばれる過程、しかし甘いだけではない、現実問題の逆風に向かっての確かめでもあった。経済的困難、メディアからの非難、「三条件」への対応、子供へのはからい、と難儀を抱えた中である。大杉の筆は、それに対峙しつつ、確固として、野枝を包むように柔らかい。

その後の連続書簡は、フランスへ脱出する直前、野枝の帰郷中と脱出後、いずれも野枝宛の消息である。二二年十月からの半年間に二十四通。六年前とは大違い、前半は魔子と二人での暮らしぶり、後半は旅先での体験、感想を夫婦の会話を楽しむように書いている。ただし同志宛の通信でもあって、中には「結局は大衆とともにやるか、純然たるアナキスト運動で行くかは僕もまだ実は迷っている。純然たるアナキスト運動というそのことにはまだ僕は疑いを持っているのだ」と、重要な感想を述べている一文もある。帰国後、同志結集した運動体を結成するため、精力的に活動するが、アナキスト連盟とするか、幅広い自由連合の形にするかは、やはり問題となった。

友人や同志への書簡に親近感を覚えるのは、話しかけてくるような語り口の語感である。短い書簡には、それがよく表れていて、例えば、

《ひっこしは無事にすんだかい。細君にさわりはなかったかと保子がしきりに案じている。／あったかいよ。僕はきのうから羽織なしだ。保子は足袋なしだ》（安成二郎宛）

《大ぶ面白そうだな。通信をどしどし寄越してくれ。原稿を書くとなると、どうも堅くなっていけないが、手紙だと自由でいい。その手紙を集めたものが次号の原稿になるようだと、お互いに世話がなくっていい》（中村還一、和田久太郎、村木源次郎宛）

のように、肉声を聞く感覚があり、生身を現前させるようである。

率直、明快な語り口が特徴で、遠慮のない批評もズバリとしている。《きょう『文章世界』の「東光院」をよんだ。誰かが君の「住吉詣」を評して年増芸術だと言ってたが、こんどのもやはりそれだね。だんだん君が円熟してくるのを僕はつまらなく思っている》（上司小剣宛）《こないだのハガキを見ると、さすがにお寺にいるだけあって、大ぶ坊主臭いことが書いてあったね》（宮島資夫宛）

人情味のある文面も各処に見られる。言葉だけでなく、実際に手を差し伸べる温情家の一面も見ることができる。坂本清馬の場合では、秋田監獄に宛てた書簡（一四年）で、彼のために、司法省に監獄局長を訪ね、書籍差入れと手紙の送受について許可を得たことを伝えている。また、失業中の安谷寛一宛の手紙（二一年）では、彼の仕事を作ることに配慮して、「ファーブル科学知識叢書」を企画したので翻訳に参加するよう勧めている。この企画は大杉没後にも継続され、うち四冊が安谷訳として刊行された。

地方の同志や読者からの問い合わせへの丁寧な対応ぶりも窺える。経済学・社会学の参考書を教える崎谷高司宛（一六年）、バクーニンの翻訳書に関する菊地与志夫宛書簡（二一年）がその例だ。こうした各地の見知らぬ同志や読者への返信は、ほかに多数あったと考えられ、本書に入れることができたのはわずか

大杉豊

だが、典型とみてよいだろう。

大杉の書簡の現物はごく少ない。大部分は、当時の機関誌や『獄中記』などの著書、また全集に収録されたもので、地方同志までは及ばなかったし、震災に遭ったものも少なくない。

他方、大杉が受け取った書簡もまず存在していない。大杉宛の書簡によって、官憲から取り調べ、監視の対象にされるなど、圧迫を受けることがあるので、本人が一切保存しなかったからである。被害を受けた例はいくつもあり、刑を科されることもあった。書簡の最後から二番目にある斎藤中孚は、大杉宛の手紙が検閲され、内容が不敬罪に当たると懲役五年を受刑した人である。出獄後に知らされ、「済まぬ次第だ」というほかない。大杉の書簡も、獄中からのはむろん検閲されたし、その他のも覚悟しての発信であった。本書の書簡はそのように通信の自由(秘密)が奪われ、閉ざされた時代の記録であるし、それを拓こうとした大杉自身の奮闘の記録ともなっている。

大杉　豊
おおすぎ・ゆたか　1939年，横浜市生まれ。大杉栄が殺された当日に訪ねた弟が父。そこで生まれた。東京都立大学社会学科卒。東京放送（TBS）入社，調査・営業・編成部門を経て定年退職。東放学園専門学校・常磐大学国際学部講師。編著書に『日録・大杉栄伝』（社会評論社）。

新　編
大杉栄書簡集
おおすぎさかえしょかんしゅう
大杉栄 著
大杉豊 編
2018年11月30日
初版第一刷発行
望月桂 装画
豊田卓 装幀
（印刷・製本）
日本ハイコム｜加藤製本
（発　行）
土曜社
東京都渋谷区猿楽町11-20-301

土曜社の刊行物

（全60点・成立年順・2018年11月）

西暦	著　　者	書　　名	本体
1713	貝原益軒	養生訓	895
1791	フランクリン	フランクリン自伝	1,850
1897	勝海舟	氷川清話	895
1904	岡倉天心	日本の目覚め	714
1906	岡倉天心	茶の本	595
1914	マヤコフスキー	悲劇ヴラジーミル・マヤコフスキー	952
1915	マヤコフスキー	ズボンをはいた雲	952
1916	マヤコフスキー	背骨のフルート	952
	マヤコフスキー	戦争と世界	952
1917	マヤコフスキー	人間	952
	マヤコフスキー	ミステリヤ・ブッフ	952
1919	大杉栄	獄中記	952
1920	マヤコフスキー	一五〇〇〇〇〇〇〇	952
1922	マヤコフスキー	ぼくは愛する	952
	マヤコフスキー	第五インターナショナル	952
	大川周明	復興亜細亜の諸問題　上	495
	大川周明	復興亜細亜の諸問題　下	495
1923	大杉栄	日本脱出記	952
	大杉栄	自叙伝	952
	大杉栄	大杉栄書簡集	1,850
	伊藤野枝	伊藤野枝の手紙（仮）	近刊
	山川均ほか	大杉栄追想	952
	大杉栄	My Escapes from Japan（日本脱出記）	2,350
	マヤコフスキー	声のために（ファクシミリ版）	2,850
	マヤコフスキー	これについて	952
1924	マヤコフスキー	ヴラジーミル・イリイチ・レーニン	952
1927	マヤコフスキー	とてもいい！	952
1928	マヤコフスキー	南京虫	952
	マヤコフスキー	私自身	952
1929	マヤコフスキー	風呂	952
1930	永瀬牙之輔	すし通	795

西暦	著者	書名	本体
1939	モーロワ	私の生活技術	795
1942	大川周明	米英東亜侵略史	795
1952	坂口安吾	安吾史譚	795
1953	坂口安吾	信長	895
1955	坂口安吾	真書太閤記	714
1959	トリュフォー	大人は判ってくれない	近刊
1960	ベトガー	熱意は通ず	1,500
1964	ハスキンス	Cowboy Kate & Other Stories	2,381
	ハスキンス	Cowboy Kate & Other Stories（原書）	79,800
	ヘミングウェイ	移動祝祭日	714
1965	オリヴァー	ブルースと話し込む	1,850
1972	ハスキンス	Haskins Posters（原書）	39,800
1991	岡崎久彦	繁栄と衰退と	1,850
2001	ボーデイン	キッチン・コンフィデンシャル	1,850
2002	ボーデイン	クックズ・ツアー	1,850
2012	アルタ・タバカ	リガ案内	1,991
	坂口恭平	Practice for a Revolution	1,500
	ソロスほか	混乱の本質	952
	坂口恭平	Build Your Own Independent Nation（独立国家のつくりかた）	1,100
2013	黒田東彦ほか	世界は考える	1,900
	ブレマーほか	新アジア地政学	1,700
2014	安倍晋三ほか	世界論	1,199
	坂口恭平	坂口恭平のぼうけん　一	952
	meme（ミーム） ひがしちか，塩川いづみ，前田ひさえ	３着の日記	1,870
2015	ソロスほか	秩序の喪失	1,850
	防衛省防衛研究所	東アジア戦略概観2015	1,285
	坂口恭平	新しい花	1,500
2016	ソロスほか	安定とその敵	952
年二回	ツバメノート	Ａ４手帳	999